ISBN-13: 978-1530785155

ISBN-10: 1530785154

Manual del
DISEÑO INDUSTRIAL
Miguel D'Addario

2016

CE

ÍNDICE

PAPEL

SISTEMAS CAD/CAM/CAE

PLANOS INDUSTRIALES

DIBUJO TÉCNICO

Introducción

El dibujo técnico es una tarea de designación de forma inequívoca de cualquier pieza, conjunto o instalación que se pueda realizar; a diferencia del dibujo artístico, se han de usar técnicas normalizadas. Cualquiera que sepa interpretar un dibujo técnico será capaz de realizar la pieza representada sin lugar a posibles interpretaciones, es decir un dibujo técnico bien realizado sólo puede representar una posibilidad y definir correctamente los aspectos fundamentales de la pieza a fabricar, dimensiones, materiales, acabados superficiales, mecanizados, colores, resistencia, tratamientos térmicos, etc. En esta unidad didáctica aprenderemos a realizar planos de piezas, vistas y daremos un repaso a los planos de construcción, muy importantes en la tarea de realización de instalaciones sobre la edificación.

Objetivos

• Conocer los útiles de dibujo y gastarlos correctamente.

• Conocer y estudiar los sistemas de representación gráfica empleando vistas (alzado, planta y perfil).

• Saber interpretar la perspectiva de las piezas, y la realización de las vistas.

• Interpretar y realizar planos con secciones, cortes y roturas.

• Localizar y conocer la procedencia de los símbolos más empleados en los acabados superficiales, simbología frigorífica, fontanería, climatización, eléctrica, neumática e hidráulica.

• Conocer las técnicas de croquización y realizar croquis a mano alzada.

• Interpretar y aplicar las normas empleadas en la acotación de croquis y planos.

• Conocer y utilizar correctamente los elementos que usados en la acotación (líneas auxiliares y de cota, símbolos, cifras, etc.).

Soportes físicos para el dibujo y formatos

Una lámina de papel u otra sustancia empleada para el dibujo como poliéster, vegetal…, que tiene tamaño, dimensiones y márgenes normalizados es un Formato.

Las normas UNE 1011 y DIN 823 normalizan las dimensiones de los Formatos. Según las dimensiones del dibujo a representar debemos elegir los formatos necesarios.

Utilizar formatos de dibujo normalizado tiene las siguientes ventajas:

• En el archivado encontramos la unificación del tamaño de los formatos.

• Facilitar su manejo.

• Adaptar los dibujos a los distintos formatos.

• Al reducir un formato, éste se hace de forma uniforme y el resultante aclara totalmente la definición del elemento representado.

• Se gestionan los planos con eficiencia y su plegado no resulta nada problemático.

Las Reglas de Referencia y Semejanza

Referencia

La referencia se realiza con letras y números; la letra indica la norma y el número, el tamaño.

Semejanza

Todos los formatos son semejantes entre sí. La relación de ambos lados es igual que la del lado del cuadrado a su diagonal. La relación de los dos lados es, por tanto, X : Y=1:sqrt.

Tipos de Formatos

Los formatos se obtienen siempre doblando en dos el anterior.

Serie principal UNE 1011 y DIN 476

Los formatos de esta serie se denominan por la letra A y van seguidos por un número correlativo.

Algunos de los más utilizados son:

Formato UNE 1011 Serie A	Láminas Cortadas	Lámina en Bruto	Ancho de rollo utilizable
A0	841 x 1189	880 x 1230	900
A1	594 x 841	625 x 880	900 / 660
A2	420 x 594	450 x 625	900 / 660
A3	297 x 420	330 x 450	660 / 900
A4	210 x 297	240 x 330	660

Generalmente se toma como norma la posición vertical en la norma A4.

En los cajetines la medida en lo ancho de 185mm sería la norma.

Serie Auxiliar

Las series auxiliares B y C se utilizan para los tamaños de carpetas, sobres, etc.

Los formatos de la serie B están relacionados con los de la serie A de la siguiente manera: sus lados son los medios geométricos de cada dos consecutivos de la serie A.

Y los medios geométricos de las series Ay B corresponden a la serie C.

Algunos de los más utilizados son:

Formato	Medidas (mm.)	Formato	Medidas (mm.)
B0	1000 x 1414	C0	917 x 1297
B1	707 x 1000	C1	648 x 917
B2	500 x 707	C2	458 x 648
B3	353 x 500	C3	324 x 458
B4	250 x 353	C4	229 x 324

Plegado de planos

Cuando tenemos planos mayores al A4 éstos se adaptan a este tamaño realizando el plegado.

Las normas para poderlo realizar serían las siguientes:

Tiene un ancho máximo de 210 y un alto máximo de 297.

El cajetín debe verse perfectamente y, por tanto, debe quedar en la parte anterior.

El primer doblado se hace hacia la izquierda y el segundo hacía atrás.

El resto se hace uno hacia la derecha y otro hacia la izquierda de modo alternativo, empezando desde el cajetín.

Rotulación normalizada

Las letras, signos, números, etc., son empleados en los dibujos para designar cotas, nombres de dibujos, establecer referencias y demás aplicaciones; deben seguir unas normas básicas, de forma que cualquiera que observe el plano sea capaz de interpretar sus contenidos sin tener que hacer un esfuerzo adicional de interpretación. La norma que establece las proporciones y construcción de los elementos a usar en la rotulación de planos es la Norma UNE 1.034. En las normas nos definirán los tipos de escritura normalizada, la altura nominal de las letras, el espesor de los trazos, la anchura de las letras, la distancia entre líneas, la distancia entre letras, etc. Actualmente, casi todos los dibujos están realizados con programas de ordenador que incorporan muchos tipos de fuentes (Tipos de letra) que suelen estar normalizados, solucionando automáticamente el problema de la rotulación.

Escritura Inclinada

Es un efecto estético que se le da a los números o letras; los trazos verticales tienen una inclinación de 75°.

Escritura Vertical

En este caso la inclinación de las letras respecto de la horizontal es de 90°.

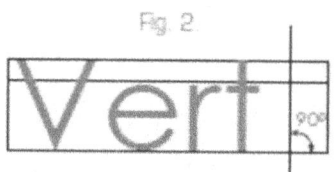

La proporción de alturas

Se denomina altura nominal del texto a la altura de las letras mayúsculas, las minúsculas altas y los números.

Cada altura de letra tiene una aplicación y generalmente se aplica:

Entre 2 y 4 mm para acotaciones y notaciones.

Entre 5 y 10 mm para rótulos y denominaciones.

Entre 12 y 25 mm para grandes rótulos.

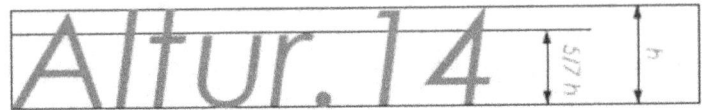

La altura nominal es la de las mayúsculas y la de las minúsculas es de 5/7 la nominal.

Escalas de uso en el dibujo industrial Y de instalaciones

Está claro que el poder dibujar los objetos a su tamaño real es casi siempre imposible, bien por ser excesivamente grande, con lo cual no se podría representar en el papel, o bien por ser muy pequeño y no poderse ver de un modo claro. Todo esto queda resuelto con el uso de la ESCALA. De este modo, los objetos quedan claramente representados en el dibujo, bien ampliándolos o bien reduciéndose.

Se define ESCALA como la relación entre la dimensión dibujada respecto de la dimensión real

E = dibujo/realidad

Así encontramos:

Escala de ampliación, cuando el numerador de la fracción es mayor que el denominador.

Escala de reducción, el caso contrario, cuando el numerador es menor que el denominador.

Escala natural, cuando un objeto se encuentra dibujado a su tamaño real, sería la escala 1:1.

Escala gráfica

Se utiliza un método sencillo para aplicar una escala, éste está basado en el Teorema de Thales.

Ejemplo para el caso 3:5

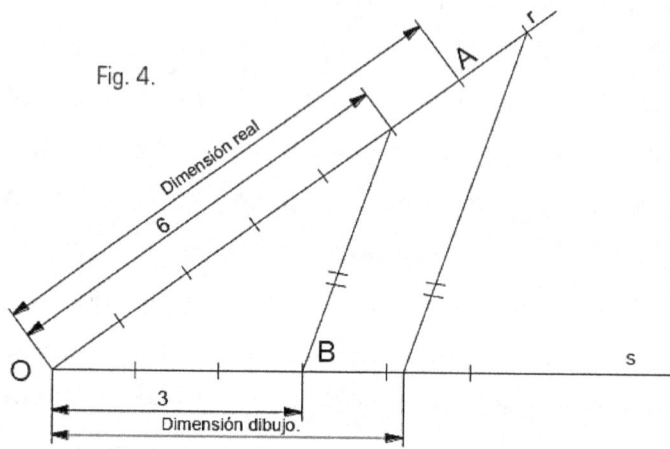

Fig. 4.

Con origen en un punto O cualquiera, se dibujan dos rectas r y s formando un ángulo cualquiera.

Se representa el denominador de la escala en la recta r y el numerador sobre la recta s. Obtenemos dos segmentos, cuyos extremos llamamos A y B.

Una dimensión real situada sobre la recta r se convierte en el dibujo con una simple paralela al segmento AB.

Escalas normalizadas

En teoría, se puede utilizar cualquier escala, pero es mucho más práctico utilizar escalas normalizadas que nos permiten el uso de reglas o escalímetros de un modo fácil. Estos valores son:

Ampliación: 2:1, 5:1, 10:1, 20:1, 50:1

Reducción: 1:2, 1:5, 1:10, 1:50

En construcción se emplean ciertas medidas intermedias, tales como:

1:25, 1:30, 1:40, etc.

Uso del escalímetro

Un escalímetro es una regla que habitualmente mide 30 cm y cuya sección tiene forma de estrella de 6 facetas o caras. Cada cara va graduada con escalas diferentes, que con bastante frecuencia suelen ser:

1:100, 1:200, 1:250, 1:300, 1:400, 1:500

Por supuesto estas escalas también nos valdrán para valores que resulten de multiplicar o dividir por 10. Por ejemplo, la escala 1:200 también nos vale para planos a escala 1:20 y 1:2000.

Para un plano escala 1:300, se aplica la escala correspondiente del escalímetro y las indicaciones numéricas que en éste se leen son los metros reales que se están representando. Y en el caso de un plano a E 1:2000 se aplica la escala 1:200 y se tendrá que multiplicar por 10 la lectura del escalímetro. Si una dimensión dibujada posee 17 unidades del escalímetro, en la realidad estamos midiendo 170 m. Según todo esto, podemos deducir que la escala 1:100 es también la 1:1, que la empleamos normalmente como regla en cm.

Representación y acotado.

Vistas, cortes y secciones

Llamamos vistas principales de un objeto a las proyecciones ortogonales del mismo sobre 6 planos, dispuestos en forma de cubo. La norma UNE 1–032–82, "Dibujos técnicos: Principios generales de representación", equivalente a la norma ISO 128–82 recoge las reglas a seguir para la representación de las vistas. Un observador se puede situar respecto al objeto según indican las seis flechas y de este modo obtendría las seis vistas posibles de un objeto.

Estas vistas se llaman:

A: *Vista de frente o alzado*

B: *Vista superior o planta*

C: *Vista derecha o lateral derecha*

D: *Vista izquierda o lateral izquierda*

E: *Vista inferior*

F: *Vista posterior*

Fig. 5.

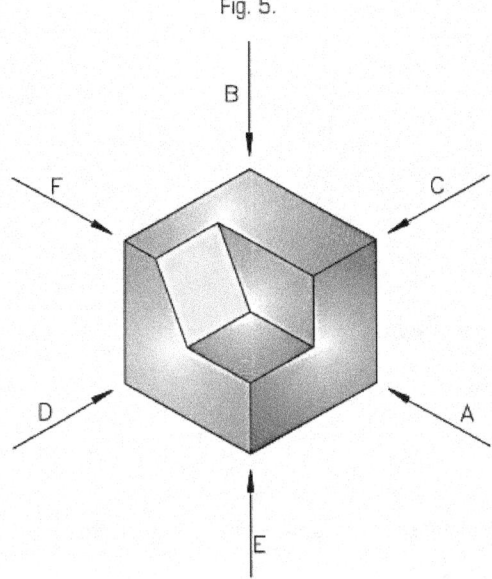

Posiciones relativas de las vistas

Existen dos variantes de proyección ortogonal para poder representar las vistas sobre el papel:

El método de proyección del primer diedro, o europeo.

El método de proyección del segundo diedro, o americano.

En los dos métodos se supone al objeto dentro de un cubo y en sus caras se realizan las proyecciones ortogonales del mismo.

La diferencia está en dónde está situado el observador: En el caso americano está entre el objeto y el plano, mientras que en el americano el plano es el que se encuentra entre el objeto y el observador.

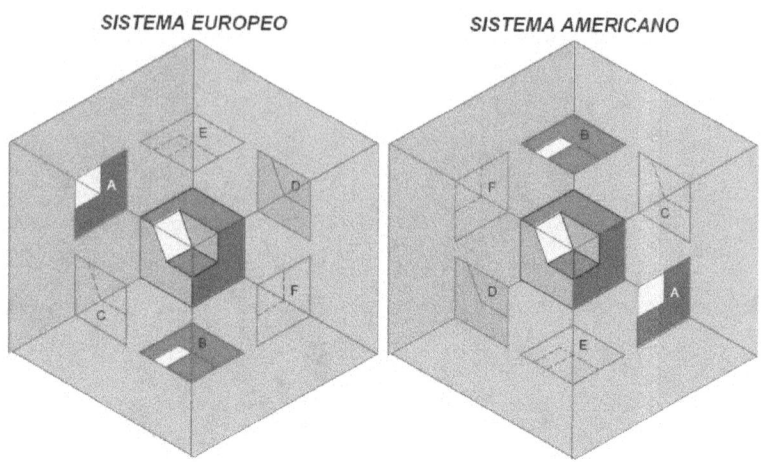

Cuando ya tenemos las seis proyecciones, pasamos a obtener el desarrollo del cubo, manteniendo fija la cara del alzado (D). Este desarrollo del cubo nos da en un plano único las seis vistas del objeto.

Fig. 8. **Sistema europeo**.

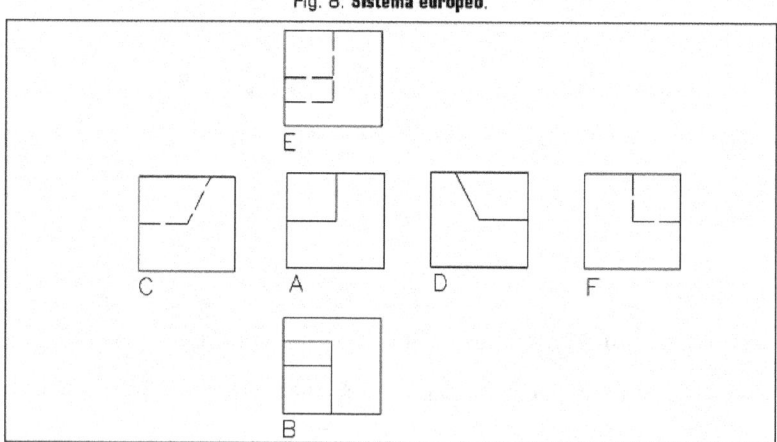

Fig. 9. **Sistema americano.**

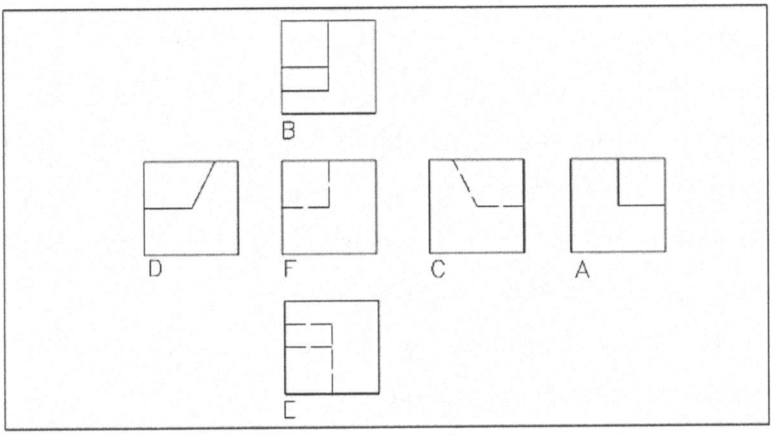

Claro está que existe una correspondencia entre las vistas, estando relacionadas de la siguiente forma:

La vista alzado, lateral izquierda y lateral derecha y la posterior, coinciden en alturas.

La planta, la vista inferior y lateral izquierda y lateral derecha en profundidad.

Y por último el alzado, planta, vista posterior e inferior en anchuras.

Con tan sólo el alzado, planta y un perfil, de forma habitual, queda definida una pieza. Además, según las correspondencias anteriores a partir de dos vistas, se pude obtener una tercera. Por último, hay que tener en cuenta que cada una de las vistas debe ocupar en el dibujo su lugar correspondiente, ya que de cualquier otro modo, aunque éstas estén perfectamente dibujadas no definen la pieza.

Elección de las vistas de un objeto, y vistas especiales.

Elección del alzado

El alzado, según la norma UNE 1–032–82, debe representar la vista más representativa del objeto. Esta vista representará el objeto en su posición de trabajo y si se puede utilizar en cualquier posición, entonces se representará en la posición de montaje.

Si aun así no hemos determinado qué vista va a ser el alzado, tendremos en cuenta que:

1. Se pueda aprovechar del mejor modo la superficie del dibujo.

2. Tenga el menor número de aristas ocultas.

3. Nos facilite la representación del resto de las vistas.

En la figura 10, por ejemplo, el alzado debería ser el señalado, ya que de este modo podemos distinguir la inclinación de la cola de milano, el agujero central y la ranura superior.

Figura 10.   Figura 11.

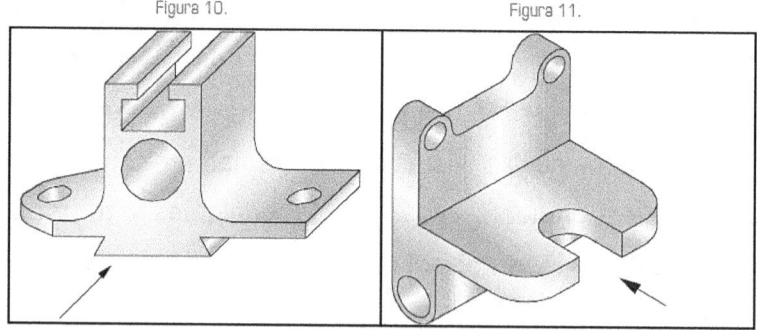

En la figura 11, eligiendo el alzado señalado, habremos elegido la vista más representativa de la pieza; en cualquier caso, necesitaremos tres vistas, alzado, planta y perfil.

Elección de las vistas necesarias

La cantidad de vistas utilizadas debe ser suficiente, mínima y adecuada para que la pieza quede total y correctamente definida; las vistas elegidas deben de ser lo más simples y claras posibles, evitando aquellas que tengan aristas ocultas. Normalmente, de no ser que sean piezas complicadas, utilizaremos tres vistas: alzado, planta y perfil, en éste último, si es indiferente la vista lateral izquierda o derecha, se optará por la primera. En piezas más sencillas se optará por una o dos vistas. En piezas sencillas, donde nos baste el alzado y la planta o el alzado y el perfil, se elegirá la opción más sencilla y que nos ayude más a su interpretación.

Otras piezas pueden ser representadas con una sola vista En estos casos es habitual hacer indicaciones que completan la interpretación de la vista:

1. Cuando se representan piezas de revolución se incluye el símbolo del diámetro.

2. En piezas prismáticas, el símbolo del cuadrado o cruz de San Andrés.

3. En piezas de espesor uniforme, haríamos una especificación.

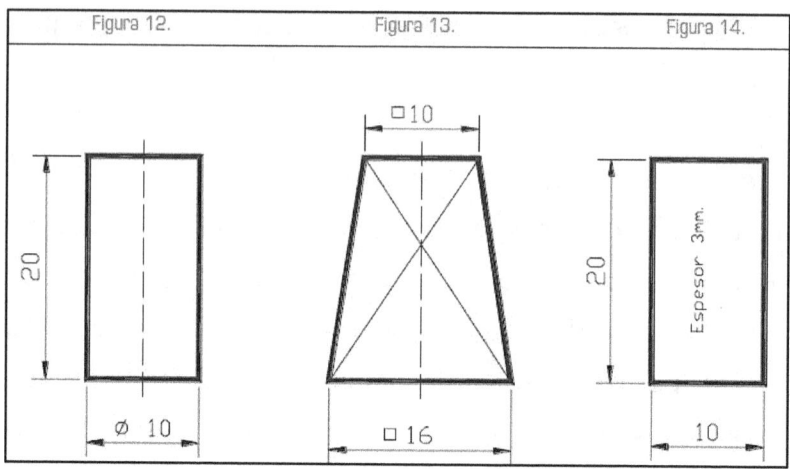

Figura 12.   Figura 13.   Figura 14.

Vistas Especiales

En objetos de características especiales se puede realizar una serie de representaciones especiales de las vistas de un objeto que nos aclaran su interpretación de un modo más directo; enumeramos los diferentes tipos a continuación.

Vistas de piezas simétricas

En piezas con uno o más ejes de simetría, se puede dibujar una fracción de su vista. La traza del plano de simetría que limita el contorno de la vista se marca en cada uno de sus extremos con dos pequeños trazos finos paralelos, perpendiculares al eje (Fig. 15). Otra opción es alargar un poco las aristas más allá del plano de la simetría; entonces no harían falta los trazos perpendiculares al eje de simetría (Fig. 16).

Figura 15.   Figura 16.

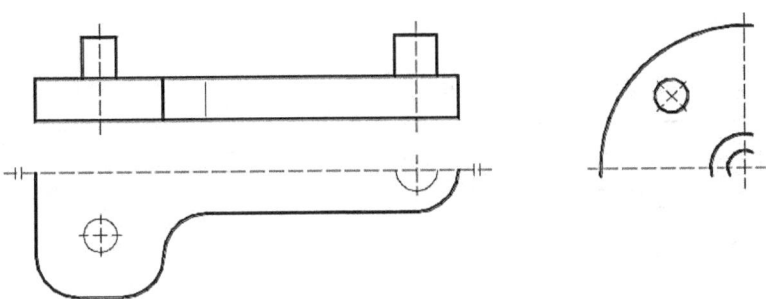

Vistas de detalles

Las vistas de detalle se utilizan para dibujar un detalle que no queda bien definido o para ampliar las dimensiones de un detalle de la pieza que no queda suficientemente claro.

En el primer caso, la vista del detalle se crea indicando la visual que la creó, con una flecha y una letra mayúscula. En la vista del detalle se indica esta letra y se limita con una línea fina realizada a mano alzada (Figura 17).

En el segundo caso, la zona ampliada se indica con un círculo con línea fina y una letra mayúscula, en la vista del detalle, que será una vista ampliada, se situará esta letra y la escala utilizada (Figura 18).

Figura 17.   Figura 18.

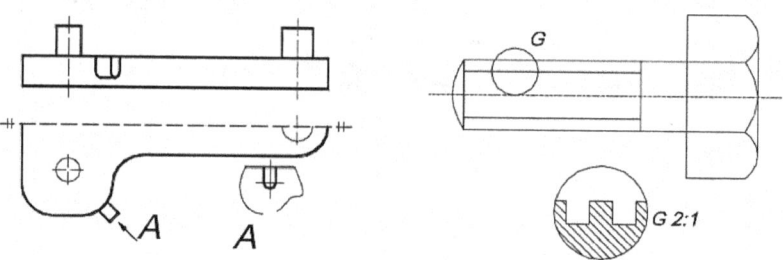

Vistas giradas

Se utilizan normalmente en piezas que tienen brazos que forman ángulos diferentes de 90° respecto a las direcciones principales de los ejes. Se dibujan dos vistas: una en posición real y la otra eliminando el ángulo de inclinación del detalle.

Figura 19.

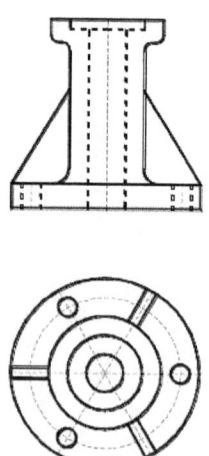

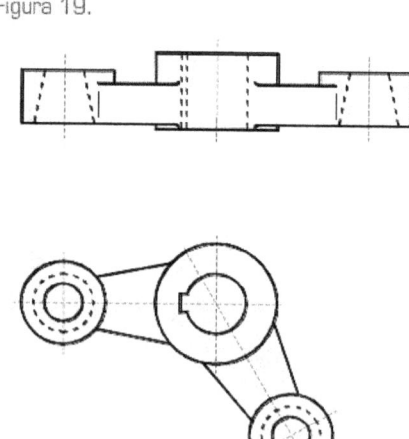

Vistas desarrolladas

En piezas con un doblado o curvado, realizaremos una vista de cómo era el objeto y qué dimensiones tenía antes de realizar el proceso que la modificó. Esta representación se realiza con línea fina de trazo y doble punto.

Figura 20.

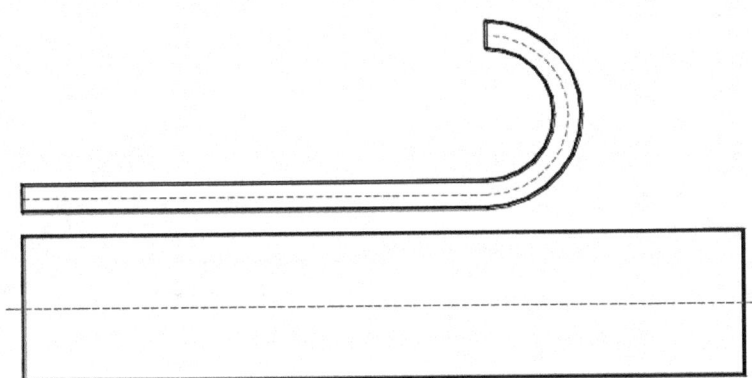

Vistas auxiliares oblicuas

En ocasiones, puede haber elementos oblicuos respecto a los planos de proyección. Éstos pueden aparecer deformados, y para poder evitar esto, su proyección se realizará en planos auxiliares oblicuos.

Esta proyección sólo afectará a la zona oblicua; este elemento quedará definido con una vista normal completa y otra parcial. Si el elemento es oblicuo respecto cualquier plano de proyección, habrá que realizar dos cambios de planos.

Utilizando dos vistas auxiliares.

Si esto ocurre en secciones interiores, entonces deberíamos realizar un corte auxiliar oblicuo, que se proyectará paralelo al plano de corte y abatido. En el corte no se representan las vistas exteriores y sólo se dibuja el contorno y las aristas que aparecen como consecuencia de éste.

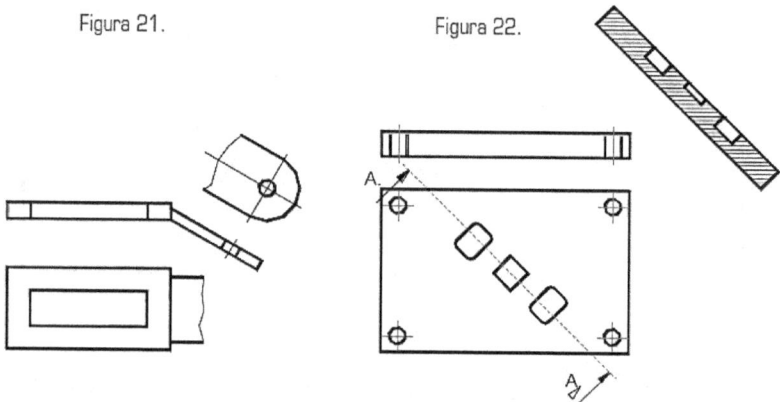

Figura 21.   Figura 22.

Intersecciones ficticias

En el caso de chaflanes, redondeos y piezas obtenidas por doblado o intersecciones de cilindros, las líneas de intersección se representan con una línea fina que no toque los límites de las piezas.

Figura 23.

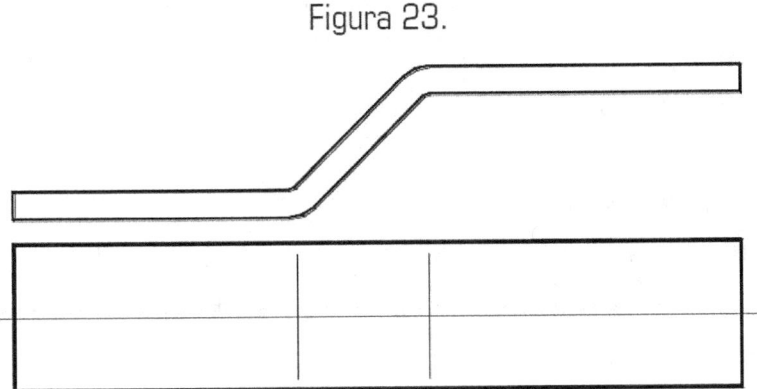

Cortes, secciones y roturas

En piezas muy complejas, donde pueden quedar una gran cantidad de aristas ocultas y con la incapacidad de poder acotar sobre éstas de modo adecuado, la solución nos viene dada al realizar cortes y secciones. A veces lo que realizamos son roturas en piezas tan largas que nos resulta difícil representar sobre el plano.

Las reglas para realizar todo esto se hallan en la norma UNE 1–032–82, "Dibujos técnicos: Principios generales de representación", equivalente a la norma ISO 128–82.

Realizamos un corte cuando al representar una pieza eliminamos parte de ésta. Para ello, a partir de uno o varios planos de corte eliminamos la parte de la pieza más cercana al observador. Las aristas interiores afectadas por el corte se dibujan con el mismo espesor que las aristas vistas, y la superficie interior cortada se representa con un rayado.

La sección es la intersección del plano de corte con la pieza, no se representa el resto de la pieza que queda detrás de la misma.

Línea de rotura en los materiales
Cuando estamos dibujando objetos que son largos y uniformes y hay partes que no son significativas para su identificación, podemos utilizar líneas de rotura, que nos permiten ahorrar espacio de representación.
Las roturas están normalizadas y son las siguientes:
Hay dos tipos: una línea fina a mano alzada y un poco curvada (Fig. 24) y otra indicada en la figura 25 utilizada en ordenador. Si las piezas tienen forma de cuña o pirámide, se utiliza la línea anterior manteniendo la inclinación de las aristas (Fig. 26 y Fig. 27).
Si la pieza es de madera, la línea de rotura será en zigzag (Fig. 28).
Si es cilíndrica maciza, con una lazada (Fig. 29).
Sí es cónica, como la anterior, pero cada lazo de distinto tamaño (Fig. 30).
Sí es cilíndrica, pero hueca, con una doble lazada indicando el diámetro interior y exterior (Fig. 31).
Si tiene una configuración uniforme, la línea de rotura será una línea de trazo y punto fino (Fig. 32).

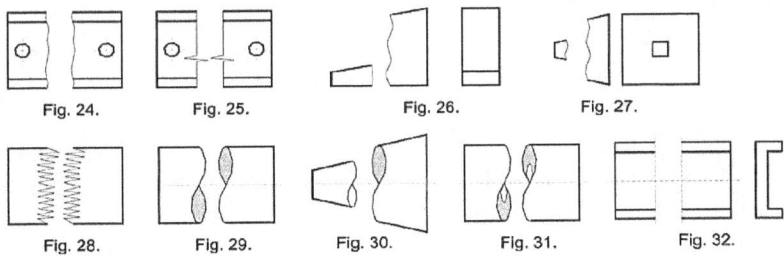

Fig. 24.   Fig. 25.   Fig. 26.   Fig. 27.

Fig. 28.   Fig. 29.   Fig. 30.   Fig. 31.   Fig. 32.

Representación de la marcha de un corte

Cuando el corte es evidente no indicamos nada, salvo una línea de trazo y punto fino, que se representará con trazos gruesos en sus extremos y cambios de dirección.

En los extremos del corte se indican dos flechas según el sentido de observación, así como una letra mayúscula en cada extremo, que puede estar repetida o ser consecutiva. En la vista afectada del corte se indica las letras que definen el corte.

Un corte se puede realizar con diferentes tipos:

Fig. 33, un solo plano.

Fig. 34, planos paralelos.

Fig. 35, planos sucesivos.

Fig. 36, planos concurrentes, uno de ellos se gira antes del abatimiento.

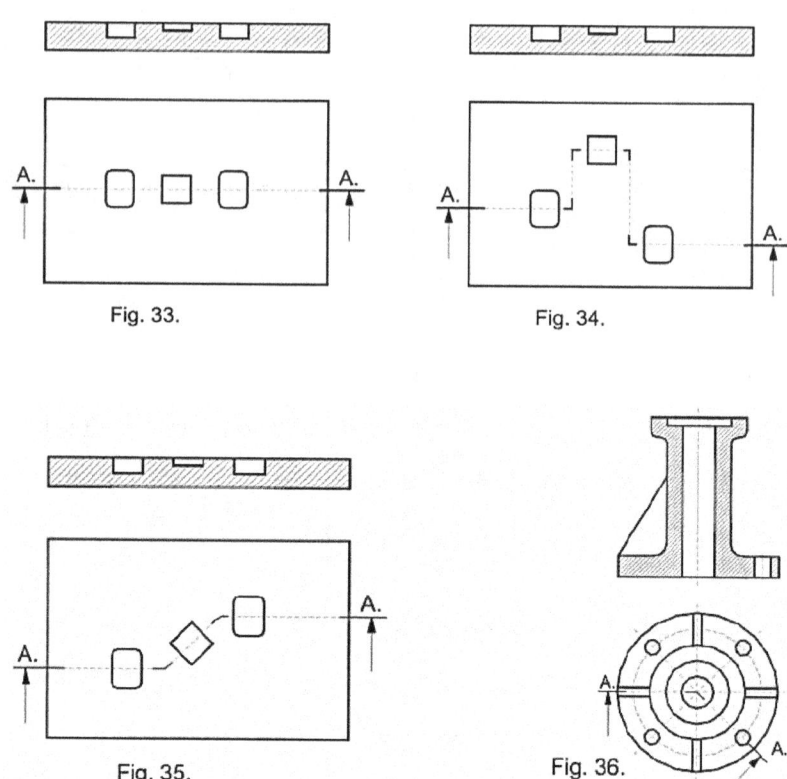

Fig. 33.

Fig. 34.

Fig. 35.

Fig. 36.

Acotación normalizada de las piezas

La acotación es el proceso de anotar con líneas, cifras, signos y símbolos las medidas de un objeto siguiendo una serie de normas. Para acotar convenientemente, aparte de conocer estas normas, debemos saber también todo aquello referente a la pieza, cómo ha sido creada, etc., así como la utilización de cada uno de los dibujos en los cuales la representamos, o sea, para realizar su fabricación, para comprobar su buena realización una vez fabricada, etc.

Aquí daremos una serie de normas para una buena acotación, pero es la práctica la que nos dará la experiencia para poder lograrla. Las indicaciones de cota de una pieza deben ser mínimas, suficientes y adecuadas para poder fabricarla.

Los principios generales de la acotación son:
Una cota se indica una vez, de no ser indispensable repetirla.

No debe omitirse ninguna.

Las dimensiones de aquellas formas que resulten del proceso de fabricación no se acotarán.

Las cotas se colocan en las vistas que representan más los elementos.

No se acotarán, generalmente, aristas ocultas.

Las cotas se distribuyen teniendo en cuenta el orden y la estética, así como que queden lo más claras posibles

Todas las cotas se utilizan en las mismas unidades; de no ser así, debe indicarse.

Las cotas se sitúan, por norma general, en el exterior de la pieza.

Las cotas relacionadas, como el diámetro y profundidad de un agujero, se indican sobre la misma vista.

Debe evitarse el obtener cotas de operar con otras.

Aparte de la cifra de cota utilizamos otros elementos, como líneas y símbolos. Todas las líneas utilizadas en la acotación se realizarán con el espesor más fino.

Los elementos básicos de una acotación son:
Líneas de cota: Son líneas paralelas a la superficie de la pieza.

Cifras de cota: El número que representa la magnitud. Está situado en el centro de la línea de cota, sobre la misma o interrumpiendo dicha línea.

Símbolo de final de cota: Es un símbolo que determina el final de la línea de cota. Este símbolo puede ser una punta de flecha, un pequeño círculo o un trazo oblicuo de 45°.

Líneas auxiliares de cota: líneas perpendiculares a la superficie a acotar, sitúan los límites de la línea de cota, a la cual sobresalen unos 2 mm.

Líneas de referencia de cota: Se utilizan para una nota explicativa o un valor dimensional. Una línea une el texto con la pieza. Éstas terminan con una flecha si acaban en un contorno de la pieza, en un punto si acaban en el interior de la pieza y ni lo uno ni lo otro cuando acaban en otra línea. Tiene una parte de la línea donde se escribe el texto y será paralela al elemento a acotar.

Símbolos: la cifra de la cota puede venir acompañada de un símbolo que identifica características de la pieza, pudiendo así evitar la representación de un mayor número de vistas.

Los más normales son:

◻ Símbolo de cuadrado

Ø Símbolo de diámetro

R Símbolo de radio

SR Símbolo de radio de una esfera

SØ Símbolo de diámetro de una esfera

Clasificación de las cotas

Las cotas se pueden clasificar según su importancia y su cometido en el plano.

Según su importancia pueden ser funcionales, no funcionales y auxiliares.

Funcionales:

Las esenciales para que la pieza pueda cumplir su misión.

No funcionales:

Para poder realizar la total definición de la pieza.

Auxiliares:

Pueden deducirse de otras y no son necesarias para la fabricación o comprobación de la pieza, dan medidas totales.

Según su cometido, en el plano son de dimensión (d) y de situación(s).

Dimensión: Indican tamaño de elementos.

Situación: Indican la posición de elementos.

Simbología y especificaciones técnicas

Indicación de las tolerancias dimensionales y geométricas

Una pieza no puede ser creada de manera exacta debido a las imprecisiones en las máquinas de fabricación, pero en realidad no ocurre nada porque para que sea útil ésta pieza nos basta con que cada medida esté comprendida entre dos límites. Esto es lo que llamamos tolerancia.

Las tolerancias pueden hacer referencia a las dimensiones de una pieza, o bien a su forma.

Conceptos fundamentales

Eje

Cualquier pieza en forma de cilindro que debe ser acoplada dentro de otra.

Agujero

El alojamiento del Eje.

Tolerancia

Es el margen de error en la fabricación de una pieza.

Medida nominal

Aquella que acotamos en el plano; a ella le añadimos las diferencias de tolerancias, bien de forma numérica o de forma simbólica.

Línea de referencia

Coincide con la medida nominal; sería la línea 0, hacia arriba de ésta, la zona positiva y hacia abajo, la negativa.

Medida Máxima

La mayor de las medidas admisibles en la fabricación.

Medida Mínima

La menor de las medidas admisibles. Tolerancia es la diferencia entre la medida máxima y la mínima.

Diferencia Superior

Diferencia entre la medida máxima y la nominal.

Diferencia inferior

Diferencia entre la medida mínima y la nominal.

Claro está, estas diferencias pueden ser tanto positivas como negativas.

Figura 37.

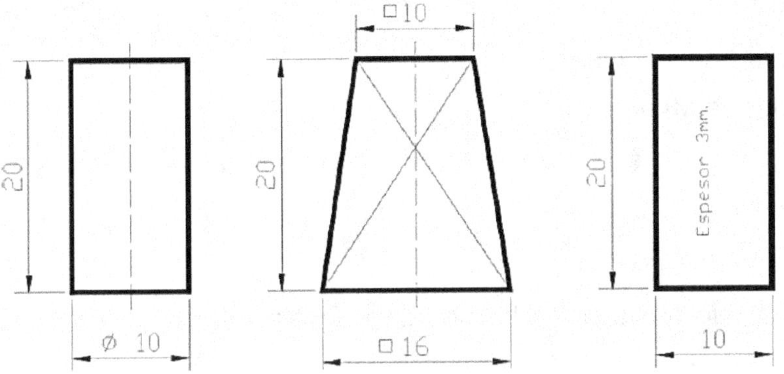

Figura 38.

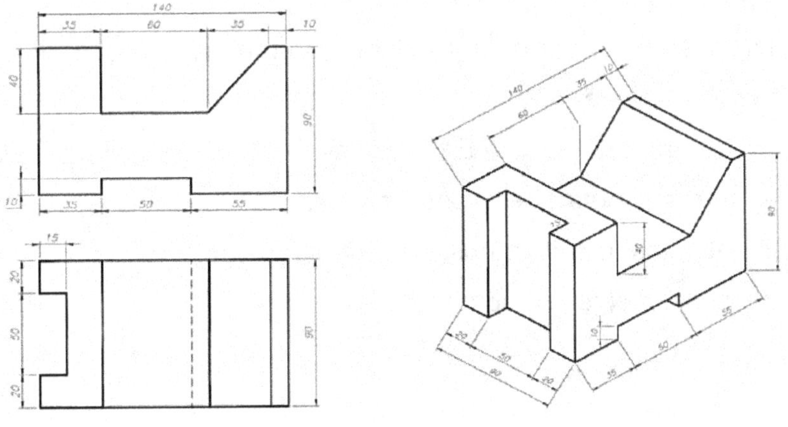

Ajustes en los acoplamientos

El ajuste seria la unión del eje y del agujero. Esta unión puede determinar un juego o un apriete.

Juego

Es la diferencia entre la medida del agujero y la del eje, siendo el eje menor que el agujero.

Apriete

Es la diferencia entre la medida del eje y la del agujero, siendo el eje mayor que el agujero.

Juego Máximo

Diferencia entre la medida máxima del agujero y la mínima del eje.

Juego Mínimo

Diferencia entre la medida mínima del agujero y la máxima del eje.

Apriete máximo

La diferencia entre la medida máxima del eje y la mínima del agujero.

Apriete mínimo

La diferencia entre la medida máxima del agujero y la mínima del eje.

Debido a la diferencia de medidas entre el eje y el agujero se nos presentan tres tipos de ajuste:

En el ajuste móvil se nos presenta un juego.

En el ajuste fijo, un apriete.

En el ajuste intermedio puede haber o bien un juego o bien un apriete, según las medidas que tengan las dos piezas al final.

Designación y representación normalizada de los materiales y elementos en los planos

La normalización consiste en un conjunto de reglas e instrucciones aceptadas por todos que definen cómo se deben realizar las acciones; es como un acuerdo general del que todos podemos hacer uso y utilizar como base de nuestros trabajos.

Si a cada persona se le encargase que eligiese dos símbolos, uno que representase una pelota de tenis y otro con una pelota de fútbol, es casi seguro que el símbolo de la pelota de tenis y el de la pelota de fútbol de dos personas distintas serían casi iguales y sin poder distinguir qué es cada cosa. Como en los dibujos se representan infinidad de cosas y para evitar que cada uno pueda inventarse los símbolos a su voluntad se establecen las normas, que como hemos dicho antes son las que definen que símbolo corresponde a cada elemento susceptible de representar. En España existe un AENOR (http://www.aenor.es), un organismo que se encarga de la realización de normas UNE hechas en España; a nivel internacional, las normas que reconocemos son las normas ISO, IEC, CEN, CENELEC, ETSI, COPANT, todas ellas aceptadas y de reconocido prestigio.

En el sector de la construcción se aplican las Normas Básicas de la Edificación −"NBE"− que contienen gran cantidad de simbología.

Formas de mecanizado normalizado

Existen varias formas de mecanizado que se repiten con mucha frecuencia en la construcción de piezas, tales como puntos de centrado, entalladuras, terminaciones de tornillos, etc. Todas estas formas normalmente no se dibujan ni se acotan, salvo cuando no se dispone de las herramientas o en la fabricación de las mismas.

Puntos de centrado

Se emplean para el torneado de piezas de mucha longitud. Las formas pueden ser A, B, C y R y se representan en la figura.

Para ejes que llevan un agujero roscado en su extremo y que interesa dejar el punto centrado se emplea el punto de forma D.

En las piezas terminadas, en lo referente a los puntos de centrado, se pueden presentar tres casos:

1 El punto de centrado queda en la pieza.

2 El punto de centrado puede quedar en la pieza.

3 El punto de centrado no queda en la pieza.

En los casos 1 y 3 se indica el punto de centrado con un ángulo de 60° o una línea de referencia y designación del punto.

Entalladuras

Son vaciados interiores o exteriores efectuados en piezas torneadas. Se usan en piezas que acaban en ángulo recto y que van rectificadas. Su utilización es para dar salida a la piedra de esmeril. Al dibujarlas pueden representarse dibujadas y acotadas por completo o simplificadas, con indicación de la designación.

Formas normalizadas de las entalladuras

Forma E, para piezas con una superficie de mecanizado.

Forma F, para piezas con dos superficies de mecanizado, perpendiculares entre sí.

Redondeamiento y chaflanes

En la fabricación de piezas industriales se hacen redondeamientos y chaflanes.

El redondeamiento es la forma que adoptan algunos de los ángulos de las piezas mecánicas, con el objeto de:

• Evitar aristas vivas, que pueden causar heridas.

• Reforzar la solidez de la pieza.

• Facilitar la operación de moldeo en las piezas que se obtienen por fundición. Los radios para redondeamiento están normalizados según DIN 250.

Si varios redondeamientos de una pieza tienen el mismo radio, no es menester acotar uno a uno. Basta poner, junto al dibujo, una observación que diga, por ejemplo: Radios no acotados R4.

Chaflanes

La finalidad del chaflán es similar al redondeado, pero los chaflanes facilitan la penetración del eje en el agujero.

Los chaflanes a 45° se pueden indicar con una sola acotación para la anchura y el valor del ángulo.

Los chaflanes y redondeamientos para piezas que han de ir ajustadas con otras, la altura del chaflán y el radio del redondeamiento han de ser tales que el apoyo no se haga en los chaflanes o redondeamientos, sino en las superficies de los resaltes del eje o del alojamiento.

Representación y designación en los dibujos

En muchas ocasiones, el dibujo a escala real es muy tedioso e innecesario pues representa una carga de trabajo excesiva que no supone una mejora del objetivo del dibujo industrial: transmitir de forma inequívoca la forma de una pieza o conjunto de piezas. En esos casos se emplean símbolos que representan elementos; el caso más representativo es el dibujo de un tornillo; si tuviéramos que dibujar todos los filetes de las roscas sería imposible hacer un dibujo de conjunto en el que hubiese una cantidad considerable de ellos. Lo mismo sucede con la mayoría de las piezas que son de uso repetitivo en los dibujos; por ejemplo, en el esquema de la instalación basta con poner un símbolo para cada elemento. Para dar más facilidades al que lee el plano se suele incluir una leyenda que consiste en una tabla en la que se representan los símbolos utilizados en el plano y una breve descripción de lo que representan.

Figura 39 .Esquema Instalación.

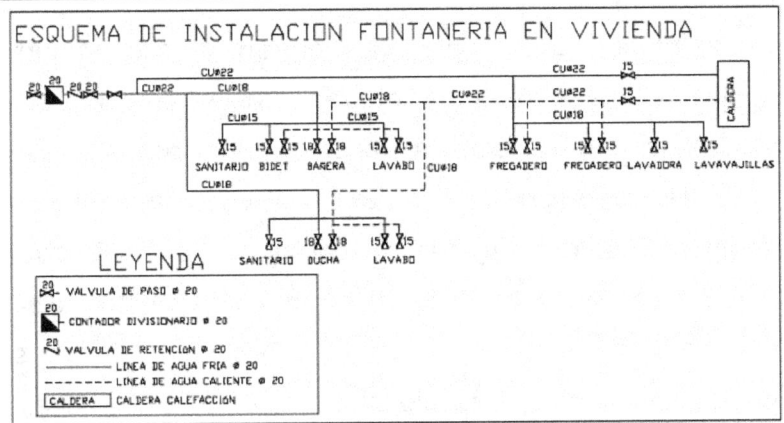

Representación de elementos de construcción soldada

Las normas UNE y DIN tienen normalizadas las representaciones de las soldaduras, para que no dar lugar a errores. En las vistas y acotaciones de la soldadura se siguen las reglas generales de dibujo.

Para la simplificación de las representaciones se emplean ciertos signos que hacen referencia:

A la clase del cordón, sección y espesor.

A la realización del cordón.

A la preparación de las piezas.

Al acabado del cordón.

Además, también se pueden añadir ciertos datos adicionales: tratamientos, ensayos, calidad, etc.

El conjunto de signos y datos adicionales se llama símbolos de soldadura.

Representación gráfica:

Se llama así a la representación en la cual la junta soldada, vista en sección, aparece con el cordón en su verdadera forma y dimensión; en la vista longitudinal, la junta se representa por una línea continua y ancha, acompañada del signo del cordón y de los datos adicionales necesarios. El signo del cordón se coloca encima de la línea de la junta; en las juntas a tope se puede colocar en un espacio interrumpido de dicha línea.

Si en la vista longitudinal el cordón queda oculto se representa con una línea de trazos, aunque el origen del cordón se visible. Si se representa una vista y además ésta no es la de la sección, hay que representar el signo del cordón de manera que corresponda a una sección normal de la soldadura perpendicular al eje de ésta. Cuando es más de una vista y en alguna la junta queda totalmente representada, no es necesario representar esas características en otras vistas. Si, por lo que sea, no se ve en la representación la junta, entonces se hará una detallada a escala mayor. Esto además es necesario cuando del dibujo de la junta soldada se debe deducir la preparación de la chapa, para los cordones especiales.

Tanto en la vista como en la sección, se representa la junta por una línea llena ancha. El símbolo de la soldadura se coloca siempre con una línea de referencia. Si el cordón queda en la vista por delante, el símbolo se coloca encima de la línea de referencia. Si el cordón queda oculto, se coloca el símbolo debajo de la línea de referencia. El símbolo debe colocarse de manera que reproduzca la forma y la posición de la sección del cordón.

Cuando se trata de un cordón angular no hace falta representar el signo, de manera que corresponda a la verdadera posición, sino que siempre se dibuja a la derecha. Hay simbología diferente en las normas UNE y DIN para los siguientes símbolos: Línea de referencia, en los signos para indicar la continuidad del cordón, en líneas que se usan para destacar el cordón de la soldadura, para indicar la dirección y orden de los cordones y otras para particularidades de cordones angulares.

Además, hay ocasiones en las que una junta soldada debe ser mecanizada o repasada de un modo particular. Algunos de estos casos se recogen en las normas:

Aplanado de cordones.

Raíces de los a tope repasados.

Soldadura en el montaje.

La acotación de soldadura tiene sus particularidades, sobre todo en lo referente a la manera de anotarlas como datos adicionales.

En las normas se distingue la acotación según sea para representación gráfica o representación simbólica. En cualquier caso, de los dos se hace acotado del espesor y de la longitud del cordón.

Por último, también se indican datos de fabricación, tales como el procedimiento de soldadura, que según la DIN 1 910 serían las siguientes abreviaturas:

- G = Soldadura con gas

- E = Soldadura por arco voltaico

- UP= Soldadura bajo polvo.

- SG = Soldadura por arco voltaico, con gas de protección

- WIG = Soldadura con wolframio y gas inerte

- MIG = Soldadura con metal y gas inerte

O la calidad de la soldadura que viene abreviada por /// o ///, siendo la última la de menor calidad.

También existen abreviaturas dentro de la fabricación de la posición de soldar que viene dado por una serie de letras minúsculas indicadas en la DIN 1 9112 o del material de aportación.

Planos de obra civil

Interpretación de alzados, plantas y secciones de edificaciones

En un proyecto de edificación son necesarios los planos de situación, cimentación, diferentes tipos de plantas, secciones, fachadas, detalles y de instalaciones.

Alzados

Los alzados del edificio son necesarios para poder disponer en el proyecto de una descripción gráfica de las partes vistas del exterior de la construcción una vez terminada, en la que se puedan apreciar formas y proporciones.

Para la realización de los alzados se partirá de las dimensiones y disposición de la planta; en función de ésta y de las alturas de los distintos elementos exteriores que componen las fachadas, se representan los alzados, en los que quedarán reflejadas de forma esquemática puertas, ventanas, antepechos, etc.

Todas las fachadas de la edificación se realizarán a escala 1:50, pero en proyectos de obra de gran volumen se pueden hacer a escala inferior siempre que se completen con detalles parciales a escala 1:50. Si en la edificación hay patios interiores, los alzados se hacen a escala 1:100.

Figura 40.

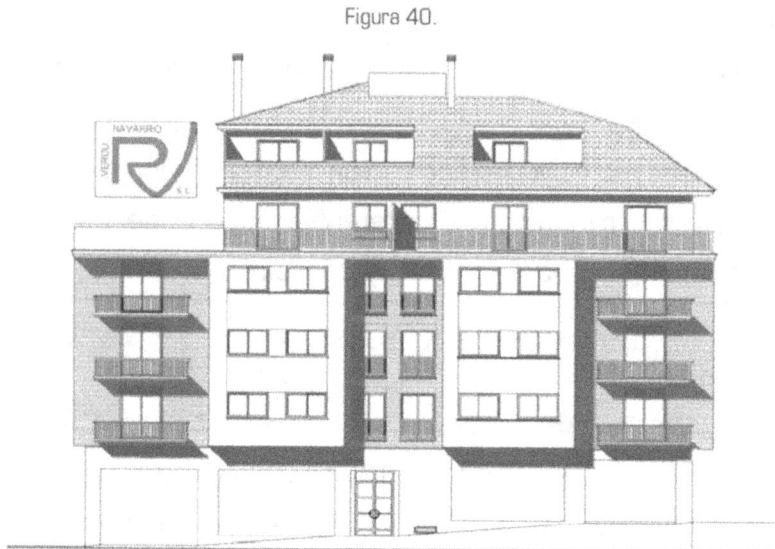

Plantas

Los planos de plantas de un edificio son varios y todos ellos necesarios en las distintas fases de ejecución de un edificio, teniendo cada uno de ellos la información específica necesaria; los más comunes son:

Plano de cimentación y saneamiento.

Plano de estructura.

Plano de distribución.

Plano de cubiertas.

Plano de instalaciones:

Fontanería. Electricidad.

Calefacción y climatización.

Instalaciones audiovisuales.

Plano de carpintería.

Figura 41.

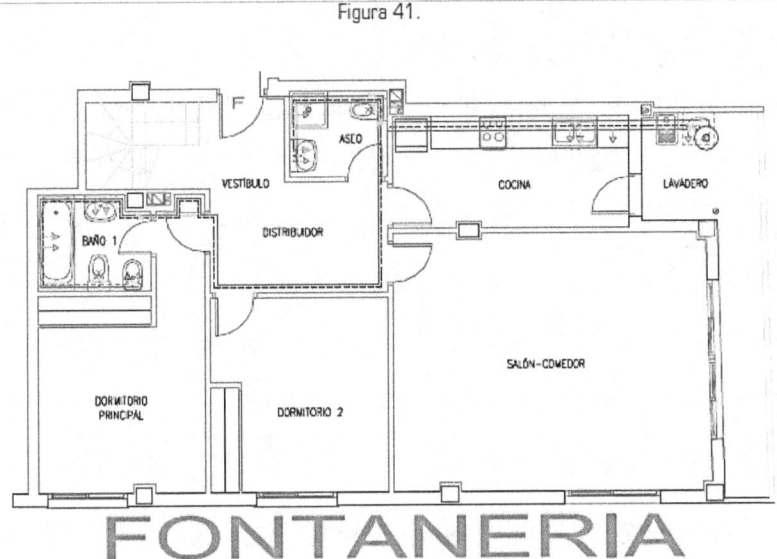

Secciones

De la misma manera que una pieza industrial requiere de secciones, la construcción también necesita apartar zonas del dibujo que permitan ver el interior de los edificios; es muy habitual realizar secciones para poder designar la altura entre plantas del edificio, designar las instalaciones que tienen montantes que afectan a varias plantas, localización y representación de escaleras y para todos los detalles que el proyectista considere necesario.

Como una sección es un corte del edificio en sentido vertical, la línea de corte tendrá que estar representada sobre la planta; lo más habitual es que el corte representado en la planta no sea una línea recta y así poder recoger en la misma sección detalles que de la otra manera no serían posibles. Las secciones también son aplicadas a detalles de elementos en la construcción, carpintería, fontanería, riego, instalaciones eléctricas, etc.

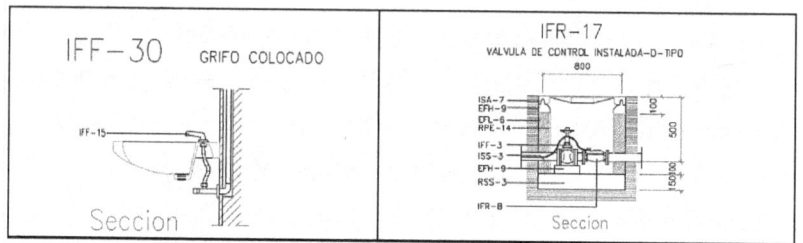

Figura 42.   Figura 43.

Interpretación de la documentación técnica de proyectos de obra civil y de urbanismo (planos, memoria, especificaciones técnicas y mediciones)

Un proyecto de obra civil, urbanismo o de instalaciones se compone de un conjunto de documentos que en su conjunto definen fielmente todos los parámetros de ejecución y contrata; estos documentos son:

Memoria

Es un documento básicamente escrito en el que se define la obra, lugar, proyectista, normativa de aplicación, redacción y puntualización de cada uno de los elementos, organismo competente de control e inspección, etc.

Dependiendo de la envergadura y el tipo de obra, será realizada por un técnico competente respetando en general que las instalaciones industriales son definidas por técnicos en la industria, las de construcción, por técnicos de la arquitectura, y así con cada campo de aplicación: Telecomunicaciones, obra pública, etc.

Cálculos

Casi todos los proyectos están basados en cálculos matemáticos más o menos complejos que se realizan a criterio del proyectista o, como en la mayoría de los casos, ocurre de una forma normalizada; en cualquier caso, el proyecto recogerá la forma de realización de los cálculos y sus resultados justificando que darán cobertura matemática a las soluciones adoptadas en el proyecto.

Mediciones

Es el documento en el que se recogen los materiales, la carga horaria de trabajo, los medios técnicos, la maquinaria, las herramientas necesarias y, en general, todo lo que se necesita y se puede cuantificar que es necesario para la realización del proyecto. Además de definirlo y cuantificarlo, este documento lo valora obteniendo un precio final de la obra en el que se distinguen los precios de cada uno de los componentes, mano de obra, materiales, medios técnicos, maquinaria, etc. Sirve como elemento de referencia en la contratación de la obra, definiendo el coste de ejecución y los beneficios del contratista.

Pliego de condiciones

Este documento recoge las condiciones de realización de la obra y compromete a todos los que intervienen en ella, propiedad, contratista y técnicos competentes; se divide a su vez en varios documentos más específico como son el Pliego de condiciones técnicas, Pliego de condiciones económicas, etc.

Croquizado de máquinas, elementos y redes
El croquizado consiste en realizar a mano alzada, sin utilizar instrumentos de dibujo, las proyecciones de un objeto. Nosotros necesitaremos realizarlo en las máquinas y elementos, de modo que cualquier otra persona sepa posteriormente interpretarlo; para ello, además, debemos incluir una serie de medidas para que pueda ser construido a escala.

Por tanto, realizaremos el croquizado según hemos visto anteriormente, representando las proyecciones necesarias. Muchos elementos podrán ser representados con alzado, planta y perfil, y otras veces harán falta los dos laterales u otras vistas, también se pueden incluir vistas de detalle o de secciones frontales o transversales, etc., tal como hemos visto. Después pasaríamos a acotarlo según las normas y utilizando instrumentos de medición adecuados.

Cada objeto que queramos representar en primer lugar se encajará en el papel fijando los ejes de simetría, después se repasan las líneas, rectificando posibles errores; a continuación se dibujan las líneas de cota y se toman las medidas sobre el elemento a dibujar y se sitúan en la cota. Al final, se borran las líneas sobrantes y se refuerzan las líneas perimetrales con un lápiz blando.

Resumen

En esta unidad hemos conocido los soportes físicos para el dibujo y los formatos normalizados en los que se representan los dibujos técnicos, las técnicas de rotulación normalizada, las escalas más habituales, la representación y acotado de pieza, su acotación; hemos comprendido e interpretado el uso de simbología y los planos de obra civil.

Todo ello con la intención de preparar al técnico en las áreas de interpretación y elaboración de planos que tan fundamental resulta en la realización de sus tareas más habituales; un técnico preparado y formado en estas técnicas será capaz de desarrollar su profesión correctamente.

Cuestionario de autoevaluación

1. Realiza un croquis de las vistas de la siguiente pieza sabiendo que su dimensión más grande es de 90 mm.

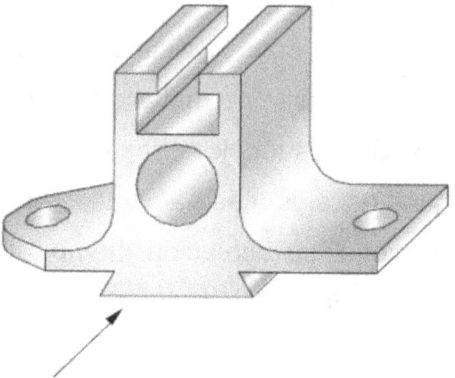

2. Realiza un dibujo a escala de la siguiente pieza sabiendo que su dimensión más grande es de 90 mm.

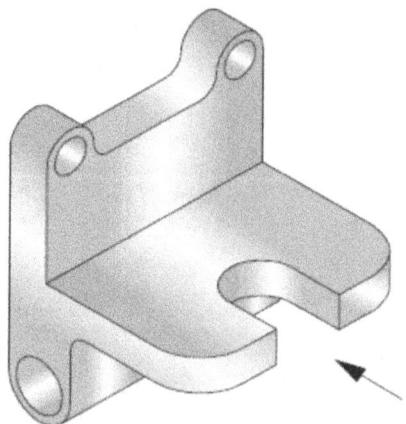

Busca el alzado más representativo y las mínimas vistas posibles. Realiza un acotado normalizado.

3. Busca bibliografía, o en Internet, el Reglamento de seguridad en Plantas e Instalaciones Frigoríficas y realiza una tabla con los símbolos usados en las instalaciones.

4. Realiza un croquis a mano alzada de tu aula en el que aparezca.

• Distribución de mobiliario.

• Instalación eléctrica con simbología normalizada.

• Instalación de calefacción con simbología normalizada.

• Sección transversal del aula.

• Acotación en planta y alzados.

Realiza los ejercicios propuestos en el archivo láminas.

5. Explica qué es la normalización y la importancia de su aplicación en el trazado de planos.

6. Explica qué es un símbolo y por qué se utilizan.

7. Cuántos formatos de papel A4 caben en A1. Realiza un croquis indicando los cortes necesarios.

8. Si las medidas en los planos son las indicadas en la tabla y la escala utilizada es la indicada ¿Qué medida tendremos en la realidad?

Completa la tabla.

Escala del Plano.	Medida sobre plano.	Medida real.
1:100	20 mm.	
	80 mm.	80 m.
1:2		120 mm.
1:50		20 m.
1:250	20 Cm.	

9. En el plano de instalación de fontanería de la siguiente vivienda realiza la medición de los materiales necesarios para realizar la instalación.

Tubería.

Accesorios.

Valvulería.

Grifería.

Aislamientos.

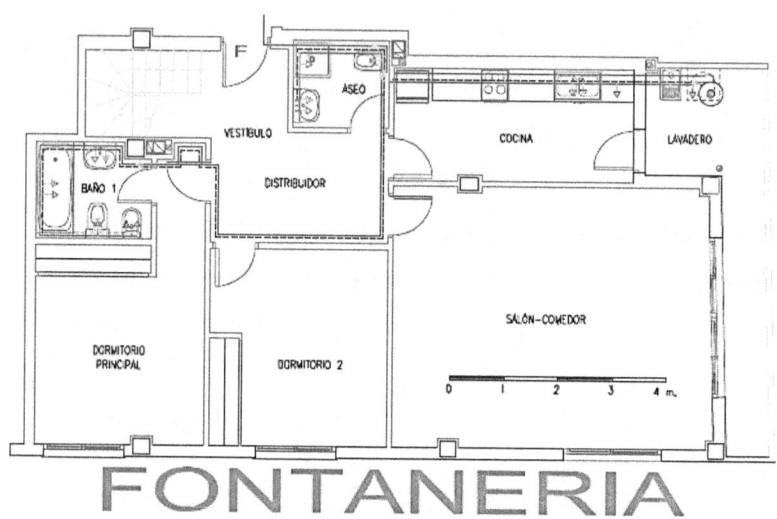

FONTANERIA

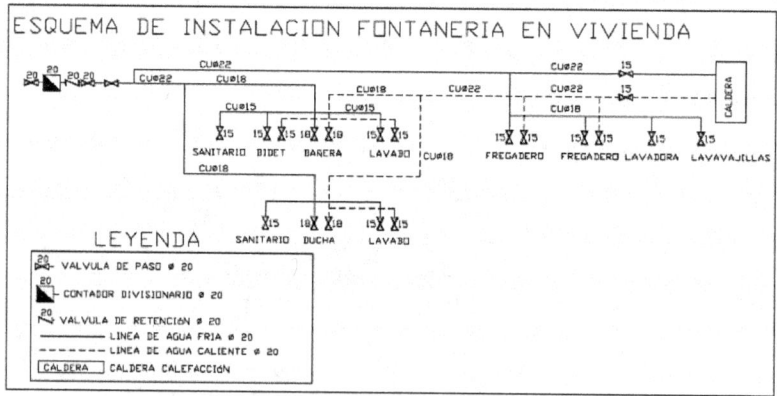

PAPEL

El papel es una hoja delgada hecha con pastas de fibras vegetales obtenidas de trapos, paja, madera, etc., mediante procedimientos químicos y mecánicos.

Fabricación

Las fibras necesarias para fabricar el papel se mezclan, en las proporciones requeridas, en una gran cuba llamada pulper, que actúa como una juguera, formando una pasta acuosa que contiene las fibras. Esta pasta cae luego sobre una tela móvil o fourdrinier donde se produce el entrecruzamiento de las fibras.

A medida que la tela avanza, se va drenando el contenido de agua de la pasta, quedando sobre la tela una película de fibras húmedas que constituyen la hoja de papel.

El peso o gramaje de los papeles puede aumentarse agregando mayor cantidad de fibras en la pasta, es decir, incrementando la densidad de ésta.

Otra alternativa es juntar tres o más hojas de papel en una sola, como ocurre en el caso de las cartulinas múltiplex. En este caso, las hojas provenientes de tres telas se juntan en una sola antes de pasar por la prensa y, para facilitar su pegado, se les agrega un adhesivo en base a almidón.

A continuación, la hoja de papel pasa por prensas que la estrujan y luego a través de cilindros secadores calentados con vapor, que terminan de secarla.

Algunos papeles -llamados monolúcidos- pasan por un solo gran cilindro, que tiene la particularidad de dejar el papel más terso y brillante por la cara que queda en contacto con el cilindro. En la práctica se pueden combinar cilindros normales con un cilindro monolúcido.

Ventajas

Se salvaran árboles y se reducirá la necesidad de plantar en grandes áreas coníferas o eucaliptos (los árboles más ricos en celulosa).

Se reducirá el consumo de agua y energía. El papel reciclado requiere el 10% del agua y el 55% de la energía para obtener el papel a partir de pasta virgen.

Se generaría menos de una cuarta parte de la contaminación, incluso teniendo en cuenta las sustancias químicas utilizadas para quitar la tinta del papel.

Inconvenientes

Un mismo papel se puede reciclar entre tres y ocho veces, ya que las fibras celulosas se van rompiendo en cada procesado y existe un límite. Por eso cada mezcla con pasta virgen en diferentes proporciones.

Para fotocopias debe usarse el papel reciclado de alta calidad, sino se deteriora el tambor de la fotocopiadora, ya que la falta de lisura hace que el mal papel actúe como lija para la delicada superficie de copiado de la máquina.

Es dificultoso el proceso de recogida de papel viejo. Se debería establecer un sistema más profesionalizado que el que existe actualmente, como una ampliación en la cantidad de sectores que debería abarcar esta recogida.

Se han introducido en el mercado de papeles reciclados de baja calidad, lo que ha confundido a los usuarios, que creen que no se puede conseguir un papel reciclado similar en prestaciones al que proviene de pasta virgen.

En algunas ocasiones se produce papel reciclado de baja calidad cuyo precio de venta es superior a papeles provenientes de pasta virgen, cuya calidad es superior, solo por el hecho de llevar el distintivo de papel reciclado. No se debe aprovechar el movimiento de concienciación social para hacer de él un negocio.

El uso del papel reciclado implica una concienciación social y un cambio de hábitos para los usuarios. La gente debe hacer balance entre calidad de papel y la calidad que requiere el destino que se le va a dar a ese papel.

Moraleja: fabricar papel tiene como consecuencia la tala de árboles y la contaminación de tierra, mar y aire, evitémoslo reciclando nuestro papel y usando papel reciclado.

Usos Generales

Se usa para escribir, dibujar, embalar, pintar, imprimir, etc.

Tipos de papel y sus usos

Papel Kraft: Es muy resistente, por lo que se utiliza para la elaboración de papel tissue, papel para bolsas, sacos multicapas y papel para envolturas, asimismo, es base de laminaciones con aluminio, plástico y otros materiales.

Papel Pergamino Vegetal: Resistencia a la humedad así como a las grasas y a los aceites. Es utilizado para envolver mantequilla, margarina, carnes, quesos, etcétera. Así como para envasar aves y pescados. También se utiliza para envolver plata y metales pulidos.

Papel Resistente a Grasas y Papel Glassine: Estos papeles son muy densos y tienen un alto grado de resistencia al paso de las grasas y los aceites. Este papel es translúcido y calandrado logrando una superficie con acabado plano; puede hacerse opaco adicionando pigmentos, también puede encerarse laquearse y laminarse con otros materiales. Son muy utilizados para envolturas, sobres, materiales de barrera y sellos de garantía en tapas. En la industria alimenticia se utilizan con frecuencia. De igual manera, se emplean para envasar grasas y aceites, tintas para impresión, productos para pintar y partes metálicas.

Papel Tissue: Son elaborados a partir de pulpas mecánicas o químicas, y en algunos casos de papel reciclado. Pueden ser hechos de pulpas blanqueadas, sin blanquear o coloradas. Este papel se utiliza para proteger algunos productos eléctricos, envases de vidrio, herramientas, utensilios, zapatos y bolsas de mano. Como papeles de grado no corrosivo son utilizados para envolver partes metálicas altamente pulidas.

Papeles Encerados: Brindan una buena protección a los líquidos y vapores. Se utilizan mucho para envases de alimentos, especialmente repostería y cereales secos, también para la industria de los congelados y para varios tipos de envases industriales.

Papeles para corrugar

Se utilizan para fabricar las típicas cajas de color café con que se embalan televisores, electrodomésticos y productos para el hogar, que usualmente se pueden ver en los supermercados.

Papeles de Impresión y escritura

Como su nombre lo indica, son de uso diario en colegios y oficinas; su color usualmente es blanco. El papel típico es el de tus cuadernos escolares.

Cartulinas

Se emplean para fabricar los envases de pasta dental, perfumes, detergentes, de los cereales para el desayuno, de la leche líquida de larga vida, etc.

Papel para periódico

En estos papeles se imprimen los diversos periódicos que circulan a diario por todo el país.

El papel Reciclado

Se consigue utilizando desecho de papel como materia prima. Se tritura el papel usado, se añade agua, se aplican los diferentes sistemas de depuración, se blanquea (es necesario utilizar métodos mecánicos no agresivos, descartando el blanqueo con productos químicos como el cloro), se escurre, se deposita en rodillos, se seca y se corta.

Normas DIN

Sus principios son paralelos a la humanidad. Basta recordar que ya en las civilizaciones caldea y egipcia, se habían tipificado los tamaños de ladrillos y piedras, según unos módulos de dimensiones previamente establecidos. Pero la normalización con base sistemática y científica nace a finales del siglo XIX, con la Revolución Industrial en los países altamente industrializados, ante la necesidad de producir más y mejor. Pero el impulso definitivo llegó con la primera Guerra Mundial (1914-1918). Ante la necesidad de abastecer a los ejércitos y reparar los armamentos, fue necesario utilizar la industria privada, a la que se le exigía unas especificaciones de intercambiabilidad y ajustes precisos. Fue en este momento, concretamente el 22 de Diciembre de 1917, cuando los ingenieros alemanes Naubaus y Hellmich, constituyen el primer organismo dedicado a la normalización: NADI - Normen-Ausschuss der Deutschen Industrie - Comité de Normalización de la Industria Alemana.

Este organismo comenzó a emitir normas bajo las siglas:

DIN que significaban Deustcher Industrie Normen (Normas de la Industria Alemana).

En 1926 el NADI cambio su denominación por: DNA - Deutsches Normen-Ausschuss - Comité de Normas

Alemanas que si bien siguió emitiendo normas bajos las siglas DIN, estas pasaron a significar "Das Ist Norm" - Esto es norma.

Y más recientemente, en 1975, cambio su denominación por: DIN - Deutsches Institut für Normung - Instituto Alemán de Normalización.

Rápidamente comenzaron a surgir otros comités nacionales en los países industrializados, así en el año 1918 se constituyó en Francia el AFNOR - Asociación Francesa de Normalización. En 1919 en Inglaterra se constituyó la organización privada BSI - British Standards Institution.

Clasificación de las normas

Según su contenido, las normas pueden ser:

Normas Fundamentales de Tipo General: a este tipo pertenecen las normas relativas a formatos, tipos de línea, rotulación, vistas, etc.

Normas Fundamentales de Tipo Técnico: son aquellas que hacen referencia a las características de los elementos mecánicos y su representación. Entre ellas se encuentran las normas sobre tolerancias, roscas, soldaduras, etc.

Normas de Materiales: son aquellas que hacen referencia a la calidad de los materiales, con especificación de su designación, propiedades, composición y ensayo. A este tipo pertenecerían las normas relativas a la designación de materiales, tanto metálicos, aceros, bronces, etc., como no metálicos, lubricantes, combustibles, etc.

Normas de Dimensiones de piezas y mecanismos: especificando formas, dimensiones y tolerancias admisibles. A este tipo pertenecerían las normas de construcción naval, máquinas herramientas, tuberías, etc.

Según su ámbito de aplicación, las normas pueden ser:

Internacionales: A este grupo pertenecen las normas emitidas por ISO, CEI y UIT-Unión Internacional de Telecomunicaciones.

Regionales: Su ámbito suele ser continental, es el caso de las normas emitidas por el CEN, CENELEC y ETSI.

Nacionales: Son las redactadas y emitidas por los diferentes organismos nacionales de normalización, y en concordancia con las recomendaciones de las normas Internacionales y regionales pertinentes. Es el caso de las normas DIN Alemanas, las UNE Españolas, etc.

De Empresa: Son las redactadas libremente por las empresas y que complementan a las normas nacionales. En España algunas de las empresas que emiten sus propias normas son: INTA (Instituto Nacional de Técnica Aeroespacial), RENFE, IBERDROLA, CTNE, BAZAN, IBERIA, etc.

Clasificación de los tipos de dibujo técnico

La norma DIN 199 clasifica los dibujos técnicos atendiendo a los siguientes criterios:

-    Objetivo del dibujo

- Forma de confección del dibujo.

- Contenido.

- Destino.

Clasificación de los dibujos según su objetivo:

- Croquis: Representación a mano alzada respetando las proporciones de los objetos.

- Dibujo: Representación a escala con todos los datos necesarios para definir el objeto.

- Plano: Representación de los objetos en relación con su posición o la función que cumplen.

- Gráficos, Diagramas y Ábacos: Representación gráfica de medidas, valores, de procesos de trabajo, etc. Mediante líneas o superficies. Sustituyen de forma clara y resumida a tablas numéricas, resultados de ensayos, procesos matemáticos, físicos, etc.

Clasificación de los dibujos según la forma de confección:

- Dibujo a lápiz: Cualquiera de los dibujos anteriores realizados a lápiz.

- Dibujo a tinta: Ídem, pero ejecutado a tinta.

- Original: El dibujo realizado por primera vez y, en general, sobre papel traslúcido.

- Reproducción: Copia de un dibujo original, obtenida por cualquier procedimiento. Constituyen los dibujos utilizados en la práctica diaria, pues los originales son normalmente conservados y archivados cuidadosamente, tomándose además las medidas de seguridad convenientes.

Clasificación de los dibujos según su contenido:

- Dibujo general o de conjunto: Representación de una máquina, instrumento, etc., en su totalidad.

- Dibujo de despiece: Representación detallada e individual de cada uno de los elementos y piezas no normalizadas que constituyen un conjunto.

- Dibujo de grupo: Representación de dos o más piezas, formando un subconjunto o unidad de construcción.

- Dibujo de taller o complementario: Representación complementaria de un dibujo, con indicación de detalles auxiliares para simplificar representaciones repetidas.

- Dibujo esquemático o esquema: Representación simbólica de los elementos de una máquina o instalación.

Clasificación de los dibujos según su destino:

- Dibujo de taller o de fabricación: Representación destinada a la fabricación de una pieza, conteniendo todos los datos necesarios para dicha fabricación.

- Dibujo de mecanización: Representación de una pieza con los datos necesarios para efectuar ciertas operaciones del proceso de fabricación. Se utilizan en fabricaciones complejas, sustituyendo a los anteriores.

- Dibujo de montaje: Representación que proporciona los datos necesarios para el montaje de los distintos subconjuntos y conjuntos que constituyen una máquina, instrumento, dispositivo, etc.

- Dibujo de clases: Representación de objetos que sólo se diferencian en las dimensiones.

- Dibujo de ofertas, de pedido, de recepción: Representaciones destinadas a las funciones mencionadas.

Archivado y conservación de Planos

El archivado de planos es una de las partes más importantes del dibujo industrial. Los planos han de estar salvaguardados para futuras obras que se quieran realizar y que puedan corresponder a la obra original. Muchas veces solo valen de orientación, pero otras veces corresponde a una copia exacta de la obra antigua. El papel normalmente utilizado para el archivado suele ser el papel vegetal, aunque ahora se está utilizando el papel de poliéster. La ventaja del papel de poliéster respecto al vegetal es su dureza, mientras que el vegetal rompe al mínimo esfuerzo, el poliéster no se rompe si no se le aplican herramientas punzantes o fuego. Sin embargo su gran desventaja (la del poliéster) es su precio, mucho más caro que el papel vegetal.

Planos

Introducción

En el campo de las actividades técnicas, para la representación de los objetos se utilizan varios métodos de proyección, todos los cuales tienen sus propias características, méritos y desventajas. El dibujo técnico corriente consiste en una proyección ortogonal, en la cual se utilizan representaciones relacionadas de una o varias vistas del objeto, cuidadosamente elegidas, con las cuales es posible definir completamente su forma y características. No obstante, para la ejecución de estas representaciones bidimensionales es necesario el conocimiento del método de proyección, de modo tal que, cualquier observador sea capaz de deducir de las vistas la forma tridimensional del objeto. En los numerosos campos técnicos y sus etapas de desarrollo, a menudo es necesario proporcionar dibujos de fácil lectura. Estos dibujos denominados representaciones pictóricas, entregan una vista tridimensional de un objeto, tal como éste aparecería ante los ojos de un observador. Para leer estas representaciones no es necesaria una formación técnica profunda sobre la materia. Las representaciones pictóricas pueden presentarse por sí solas o complementarse con dibujos ortogonales. Existen diversos métodos de representación pictórica, pero sus especificaciones difieren considerablemente y a menudo se utilizan en forma contradictoria. El constante aumento de la comunicación técnica a nivel mundial, como también la evolución de los métodos de diseño y dibujo asistidos por computador con sus diversos tipos de representaciones tridimensionales, derivan en la necesidad de una clarificación de estos problemas, mediante la formulación de normas técnicas sobre la materia.

Concepto de Plano

La palabra "gráfico" significa "referente a la expresión de ideas por medio de líneas o marcas impresas en una superficie". Entonces, un dibujo (plano) es una representación gráfica de algo real. El dibujo, por tanto, es un lenguaje gráfico porque usa figuras para comunicar pensamientos e ideas. Como un dibujo es un conjunto de instrucciones que tiene que cumplir el operario, debe ser claro, correcto, exacto y completo. Los campos especializados son tan distintos como las ramas de la industria. Algunas de las áreas principales del dibujo son: Mecánico, arquitectónico, estructural y eléctrico.

El término "dibujo técnico" se aplica a cualquier dibujo que se utilice para expresar ideas técnicas.

Aplicación de los Planos

Tal como en el principio de los tiempos, el hombre ha usado dibujos para comunicar ideas a sus compañeros y para registrarlas, de modo que no caigan en el olvido. El hombre ha desarrollado el dibujo a lo largo de dos ramas distintas, empleando cada forma para una finalidad diferente. Al dibujo artístico se le concierne principalmente la expresión de ideas reales o imaginarias de naturaleza cultural. En cambio, al dibujo técnico le atañe la expresión de ideas técnicas o de naturaleza práctica, y es el método utilizado en todas las ramas de la industria. En la actividad diaria es muy útil un conocimiento del dibujo para comprender planos de casas, instrucciones para el montaje, mantenimiento y operación de muchos productos manufacturados; los planos y especificaciones de muchos pasatiempos y otras actividades de tiempo libre.

Clasificación de los Planos

Los planos se pueden clasificar en:

a) Plano General o de Conjunto

b) Plano de Fabricación y Despiece

c) Plano de Montaje

d) Plano en Perspectiva Explosiva

Definiciones

Plano General o de Conjunto

El Plano de Conjunto presenta una visión general del dispositivo a construir, de forma que se puede ver la situación de las distintas piezas que lo componen, con la relación y las concordancias existentes entre ellas.

La función principal del plano de conjunto consiste en hacer posible el montaje. Esto implica que debe primar la visión de la situación de las distintas partes, sobre la representación del detalle.

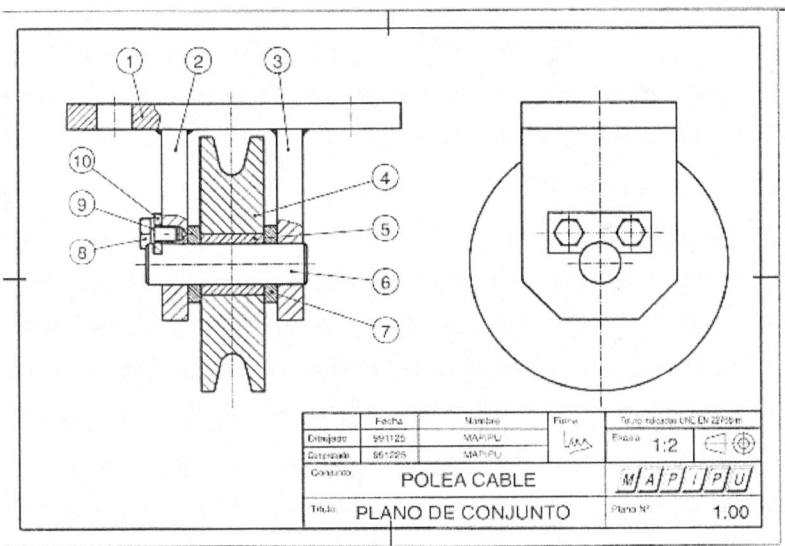

	Fecha	Nombre	Firma	Tolerancias indicadas UNE EN 22768 m		
Dibujado	991125	MAPIPU		Escala 1:2		
Comprobado	991225	MAPIPU				
Conjunto		POLEA CABLE		M A P I P U		
Título	PLANO DE CONJUNTO		Plano Nº	1.00		

Plano de Fabricación y Despiece

Se refiere a dimensionar cada uno de los elementos a construir o fabricar según proceso (maquinado, fundido, estampado, etc.), de acuerdo a dimensiones indicadas en el plano.

Maquinado: obtener la pieza según el plano ya sea a través de procesos de torneado, fresado o cepillado.

Fundido: Las dimensiones de las piezas fundidas son mayores que las reales porque deben someterse a otros procesos.

Estampado: Se realiza a través del uso o aplicación de matrices.

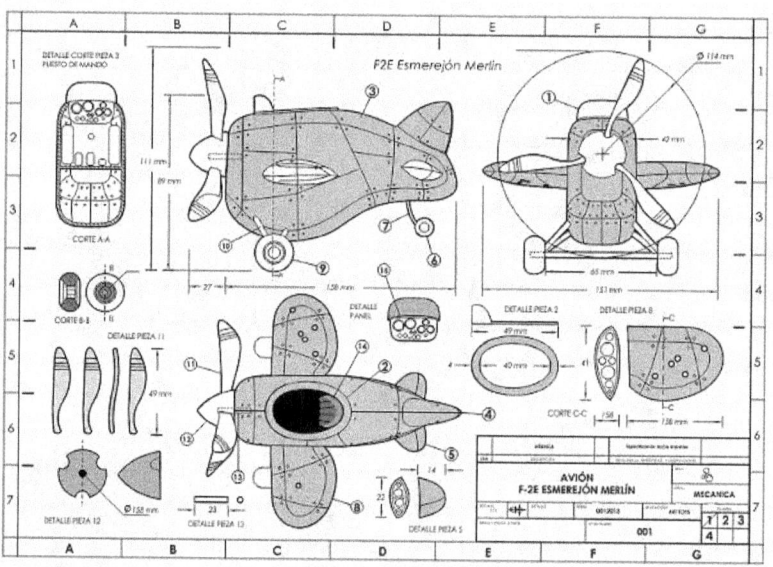

Plano de Montaje

Estos planos se hacen frecuentemente para representar totalmente objetos sencillos, tales como piezas de mobiliario, donde las piezas son pocas y no tienen formas complicadas. Todas las dimensiones y la información necesaria para la construcción de dicha pieza y para el montaje de todas las piezas se dan directamente en el plano de montaje.

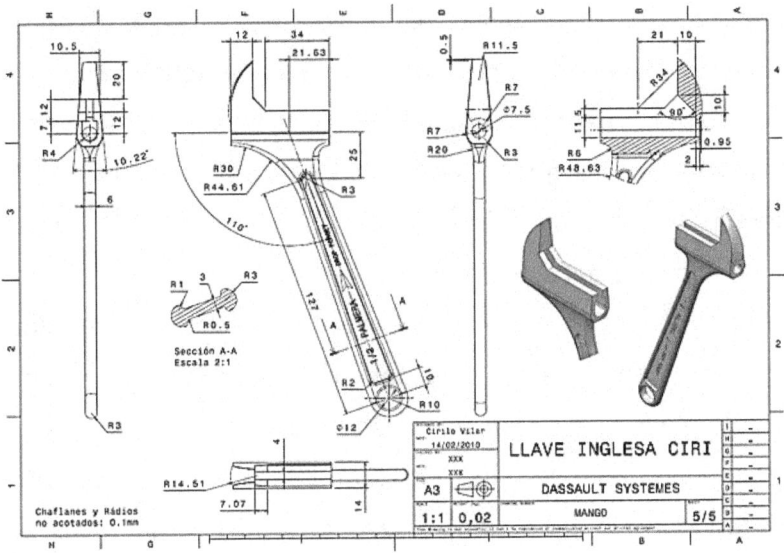

Planos de Montaje de Diseños: Cuando se diseña una máquina, primero que todo se hace un plano o proyecto de montaje para visualizar claramente el funcionamiento, la forma y el juego de las diferentes piezas. A partir de los planos de montaje se hacen los dibujos de detalle y a cada pieza se le asigna un número. Para facilitar el ensamblaje de la máquina, en el plano de montaje se colocan los números de las diferentes piezas o detalles. Esto se hace uniendo pequeños círculos (de 3/8" a ½" de diámetro) que contiene el número de la pieza, con las piezas correspondientes por medio de líneas indicadoras. Es importante que los dibujos de detalle no tengan planes de numeración idénticos cuando se utilizan varias listas de materiales.

Planos de Montaje para Instalación: Este tipo de plano de montaje se utiliza cuando se emplean muchas personas inexpertas para ensamblar las diferentes piezas. Como estas personas generalmente no están adiestradas en la lectura de planos técnicos, se utilizan planos pictóricos simplificados para el montaje.

Planos de Montaje para Catálogos: Son planos de montaje especialmente preparados para catálogos de compañías. Estos planos de montaje muestran únicamente los detalles y las dimensiones que pueden interesar al comprador potencial. Con frecuencia el plano tiene dimensiones expresadas con letras y viene acompañado por una tabla que se utiliza para abarcar una gama de dimensiones.

Planos de Montaje Desarmados: Cuando una maquina requiere servicio, por lo general las reparaciones se hacen localmente y no se regresa la maquina a la compañía constructora. Este tipo de plano se utiliza frecuentemente en la industria de reparación de aparatos, la cual emplea los planos de montaje para los trabajos de reparación y para el periodo de piezas de repuesto. También es utilizado con frecuencia este tipo de planos de montaje por compañías que fabrican equipos hágalo usted mismo,

tales como equipos para fabricación de modelos, donde los
planos deben de comprendidos fácilmente.

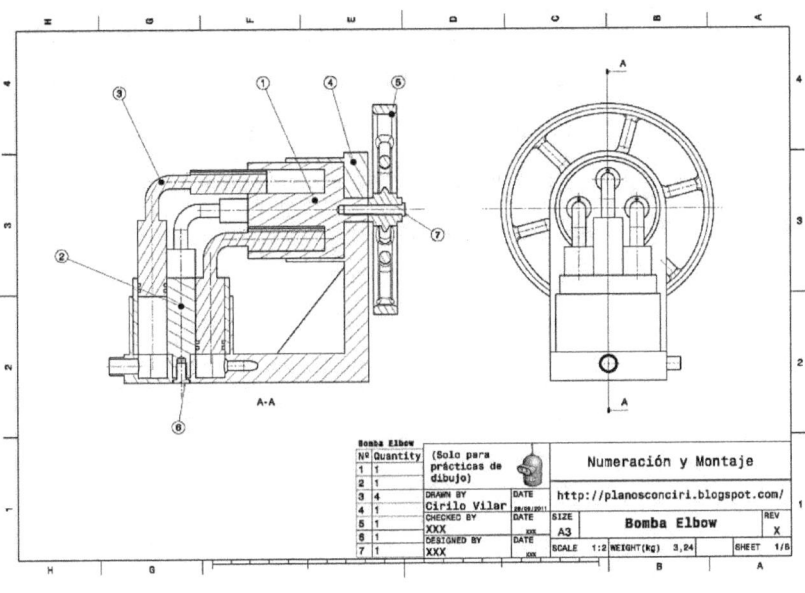

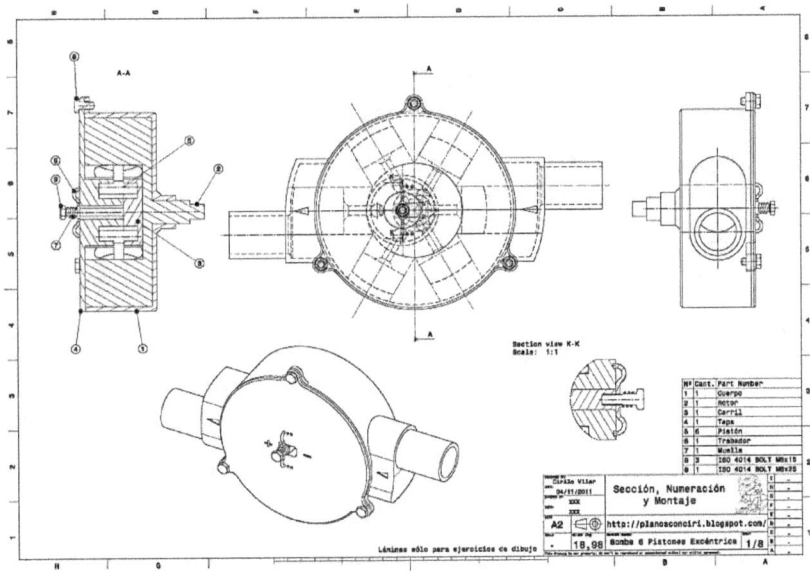

Plano en Perspectiva Explosiva

El plano en perspectiva explosiva tiene como finalidad indicar en forma ordenada y precisa la secuencia de ubicación de las piezas que conforman un conjunto, permitiendo con ello a cualquier operario realizar un desarme y posteriormente; realizada la reparación, armar el conjunto siguiendo las informaciones del plano.

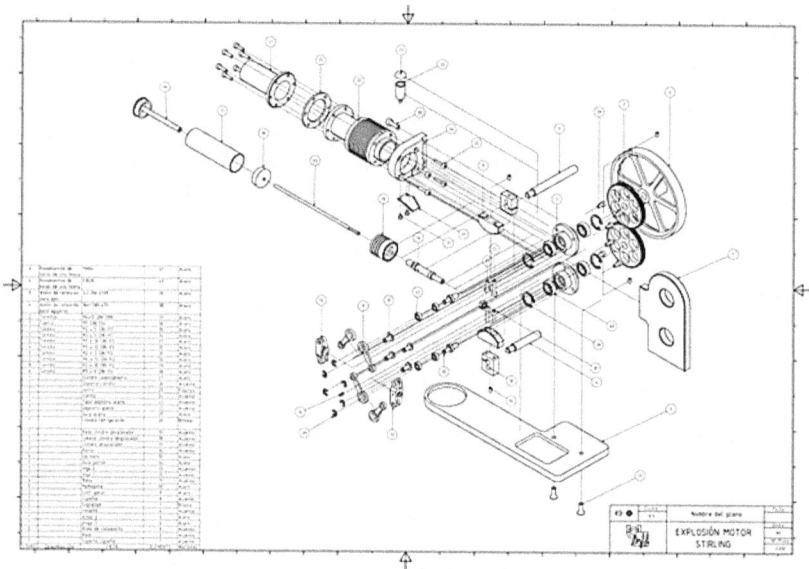

DISEÑO INDUSTRIAL

Diseño

Utilizado habitualmente en el contexto de las artes, ingeniería, arquitectura y otras disciplinas creativas, diseño se define como el proceso previo de configuración mental, "prefiguración", en la búsqueda de una solución en cualquier campo. Etimológicamente derivado del término italiano "disegno" dibujo, designio, signare, signado "lo por venir", el porvenir visión representada gráficamente del futuro, lo hecho es la obra, lo por hacer es el proyecto, el acto de diseñar como prefiguración es el proceso previo en la búsqueda de una solución o conjunto de las mismas. Plasmar el pensamiento de la solución mediante esbozos, dibujos, bocetos o esquemas trazados en cualquiera de los soportes, durante o posteriores a un proceso de observación de alternativas o investigación.

El acto intuitivo de diseñar podría llamarse creatividad como acto de creación o innovación si el objeto no existe, o es una modificación de lo existente inspiración abstracción, síntesis, ordenación y transformación.

Referente al signo, significación, designar es diseñar el hecho estético de la solución encontrada. Es el resultado de la economía de recursos materiales, la forma y el significado implícito en la obra dada su ambigua apreciación no puede determinarse si un diseño es un proceso estético cuando lo accesorio o superfluo se antepone a la función o solución. El acto humano de diseñar no es un hecho artístico en sí mismo aunque puede valerse de los mismos procesos y los mismos medios de expresión, al diseñar un objeto, o signo de comunicación visual en función de la búsqueda de una aplicación práctica. El verbo "diseñar" se refiere al proceso de creación y desarrollo para producir un nuevo objeto o medio de comunicación (objeto, proceso, servicio, conocimiento o entorno) para uso humano. El sustantivo "diseño" se refiere al plan final o proposición determinada fruto del proceso de diseñar (dibujo, proyecto, maqueta, plano o descripción técnica) o, más popularmente, al resultado de poner ese plan final en práctica (la imagen o el objeto producido). Diseñar requiere principalmente consideraciones funcionales y estéticas. Esto necesita de numerosas fases de investigación, análisis, modelado, ajustes y adaptaciones previas a la producción definitiva del objeto. Además comprende multitud de disciplinas y oficios dependiendo del objeto a diseñar y de la participación en el proceso de una o varias personas. Diseñar es una tarea compleja, dinámica e intrincada. Es la integración de requisitos técnicos, sociales y económicos, necesidades biológicas, con efectos psicológicos y materiales, forma, etc. Un filósofo contemporáneo, Vilém Flusser, propone, en su libro Filosofía del diseño, que el futuro (el destino de la humanidad) depende del diseño.

Tipos de diseño

- Diseño universal

El Diseño Universal es el diseño de productos y entornos de fácil uso para el mayor número de personas posible, sin la necesidad de adaptarlos o rediseñarlos de una forma especial. Los productos y construcciones universales son accesibles y usables por toda la población, aunque la misma tenga diferentes tipos de condiciones físicas.

- Diseño grafico

El diseño gráfico es una forma de comunicación visual. Se ocupa de organizar imagen y texto para comunicar un mensaje. Puede aplicarse a muchos medios, ya sean impresos, digitales, audiovisuales.

- Eco – diseño

Esto se refiere de los términos ambientales en el desarrollo de un producto, de tal manera que los impactos ambientales negativos se reduzcan substancialmente durante el ciclo de vida del producto. Diseño utilizando materiales de acabados no tóxicos y/o reciclables que reducen el impacto al medio ambiente ya personas que sufren de alergias, así como de acuerdo con las normas oficiales de seguridad.

- Diseño industrial

Es un Disciplina que busca resolver las relaciones Formales. Funcionales de los objetos susceptibles de ser producidos industrialmente. Surgida como tal en el siglo

XX, considerado al arquitecto Peter Behrens, como el primer diseñador industrial. Aplicación de una idea o técnica artística a una actividad o producto industrial.

- Diseño de evaluación

Es el proceso a través del cual se adopta un conjunto de decisiones que justifican la elección de un enfoque, así como la de los procedimientos para realizar una evaluación.

- Diseño web

Actividad que consiste en la planificación, diseño e implementación de sitios web y páginas web. No es simplemente una aplicación del diseño convencional sobre Internet ya que requiere tener en cuenta cuestiones tales como navegabilidad, interactividad, usabilidad, arquitectura de la información y la interacción de medios como el audio, texto, imagen y video.

- Diseño factorial

Se manipulan dos o más variables de manera simultánea. Permite probar múltiples hipótesis en un solo experimento. Permite probar no sólo los efectos principales, sino también la interacción entre las variables manipuladas.

- Diseño de circuitos

El diseño de circuitos es la parte de la electrónica que estudia distintas metodologías con el fin de desarrollar un circuito electrónico, que puede ser tanto analógico como digital.

- Diseño de páginas web

El diseño de páginas web es una amplia área de aplicación del diseño gráfico en la cual se integran conocimientos propios del diseño como son la composición, el uso de color y la Búsqueda global.

- Diseño arquitectónico

Se ocupa de todo lo relacionado con la proyección y la construcción de edificios y obras de ingeniería, ambientación y decoración de edificios, parques y jardines, y elementos urbanos.

La aparición del diseño industrial profesional en los Estados unidos de Norte América

La primera guerra mundial estimulo una enorme expansión de la capacidad productiva de los estados unidos, que después de 1918, dio lugar a un gran auge de consumo. Con el crecimiento de la producción masiva, basada en enormes inversiones de capital, se buscaba bajar costos y aumentar las ventas. La normalización y la racionalización, los métodos de producción perfeccionados y las nuevas materias primas contribuían a bajar los costos de producción, al tiempo que la preocupación por la forma visual se convertía en un importante instrumento para fomentar las ventas, muchas veces la imagen visual tenía más importancia que el propio producto. Sin embargo, en 1927 comenzó a manifestarse la recesión. Muchas pequeñas se fundieron o fueron absorbidas por las grandes empresas que todavía seguían en pie, y formaban grandes monopolios. La caída de Wall Street de 1929 produjo una intensa presión competitiva entre las empresas supervivientes. Fue en aquel contexto económico que apareció una nueva generación de diseñadores industriales, procedían de campos muy diversos como también lo fueron sus métodos, muchos diseñadores industriales procedían de sectores relacionados con la publicidad y la presentación, y estaban acostumbrados a trabajar en un contexto comercial, trabajaban en equipos y tenían una carta de varios clientes al mismo tiempo. Como es el caso de KODAK se encontraron que trabajando con un grupo de diseñadores en conjunto con los técnicos e ingenieros podían lograr productos de excelente calidad y terriblemente competitivos en el mercado americano. Tal fue la respuesta de los consumidores que al terminar la segunda guerra mundial, la empresa creo un departamento de diseño propio. O ya sea el caso de Gestetner que en 1929 le encomendó a Raymond Loewy que rediseñara una maquina copiadora, el resultado fue una máquina de fácil manejo y un diseño agradable que resulto en un aumento de las ventas y el diseño de todas las maquinas posteriores, Loewy también hizo un excelente trabajo para la fábrica de heladeras Roebuck que cambio por completo con los estereotipos de la época , al simplificar y achicar la estructura esconder el motor, esto levanto significativamente las ventas. Otro caso es el de Henry Dreyfuss que había comenzado trabajando como escenógrafo y termino trabajando como diseñador, él fue quien creo el concepto por el cual los teléfonos son diseñados hoy en día, él decía que el diseño se debía adaptar al mecanismo y no el mecanismo al diseño. También dijo que las maquinas adaptadas a las personas serían más eficaces, durante muchos años recogió datos sobre el cuerpo humano que en 1961 resumió en un libro llamado "The measures of man" que contribuyo a definir a la ergonomía como herramienta fundamental para el diseñador. Dentro de las empresas que dieron trabajo a cientos de diseñadores fueron las que fabricaban muebles que a principios del siglo veinte estaba entre las más importantes del mundo. Los departamentos de styling daban trabajo a muchos a muchos diseñadores y constituían asimismo su campo de preparación, permitiéndoles diversificar sus actividades.

El diseño americano tenía una fuerte influencia europea ya que los diseñadores y artistas que se escapaban de las guerras huían hacia occidente donde introducían sus ideas y estilos. La crisis no solo origino un planteamiento más profesional sino también un estilo aerodinámico que se ha convertido en sinónimo de dinamismo y modernidad. El visionario Bel Gaddes popularizo hasta tal punto la aerodinámica que hasta se convirtió en el símbolo del diseño americano de los años treinta y cuarenta. La aerodinámica es un estilo sin precedentes por cuanto surgió de las condiciones de la investigación científica y de la producción industrial y no de una teoría estética. La diferencia entre la aerodinámica europea y la americana es que la americana era abordada desde un punto más de vanguardia y barroco y el europeo era más clásico, simple y lujoso. Pero la aerodinámica no solo alcanzo al diseño automotor y aeronáutico sino que llego a todas las áreas de tal modo que los electrodomésticos, escaparates, etc., transmitían una sensación de movimiento y velocidad. Pero aunque este estilo fue un furor en los años 30 y 40, los diseños que eran demasiado futurista no tenían éxito y por lo tanto los cambios estéticos debían ser incorporados de a poco, para que no cause rechazo en los consumidores.

Diseñando una idea

Diseñar (o idear) es formular un plan para satisfacer una necesidad. En principio, una necesidad que habrá de ser satisfecha puede estar bien determinada. A continuación se dan dos ejemplos de necesidades apropiadamente definida.

¿Cómo es posible obtener grandes cantidades de energía en forma limpia, segura y económica sin utilizar combustibles fósiles y sin causar daño alguno a la superficie terrestre?

Este mecanismo está causando problemas, y ha tenido ya ocho desperfectos en las últimas seis semanas. Haga usted algo al respecto. Por otra parte, la necesidad que deberá satisfacer puede estar tan confusa e indefinida que se requiera un esfuerzo mental considerable para anunciarla claramente como un problema que demanda solución. Los siguientes son dos ejemplos:

Muchísimas personas perecen en accidentes de aviación.

En las grandes ciudades hay demasiados automóviles en las calles y las avenidas.

Este segundo tipo de caso de diseño está caracterizado por el hecho de que la necesidad ni el problema a resolver has sido identificado. Obsérvese también que el caso puede implicar muchos problemas.

Es posible además clasificar el diseño. Por ejemplo:

Diseño

1.   De vestuario

2.   De interiores de casas

3.   De carreteras

4.   De paisajes

5.   De edificios

6.   De barcos

7.   De puentes

8.   Por computadora

9.   De sistemas de calefacción

10.   De máquinas

11.   En ingeniería

12.   De procesos

El diseño en ingeniería mecánica

El diseño mecánico es el diseño de objetos y sistemas de naturaleza mecánica; piezas, estructuras, mecanismos, máquinas y dispositivos e instrumentos diversos. En su mayor parte, el diseño mecánico hace uso delas matemática, las ciencias de uso materiales y las ciencias mecánicas aplicadas a la ingeniería.

El diseño de ingeniería mecánica incluye el diseño mecánico, pero es un estudio de mayor amplitud que abarca todas las disciplinas de la ingeniería mecánica, incluso las ciencias térmicas y de los fluidos.

A parte de las ciencias fundamentales se requieren, las bases del diseño de ingeniería mecánica son las mismas que las del diseño mecánico y, por, consiguiente, éste es el enfoque que se utilizará en el presente texto.

Fases del diseño

¿Cómo empieza? ¿Simplemente llega un ingeniero a su escritorio y se sienta ante una hoja de papel en blanco? ¿Qué hace después de que se le ocurren algunas ideas? ¿Qué factores determinan o influyen en las decisiones que se deben tomar? Por último, ¿Cómo termina este proceso de diseño?

A menudo se describe el proceso total de diseño desde que empieza hasta que termina como se muestra en la figura 1. Principia con la identificación de una necesidad y con una decisión de hacer algo al respecto.

Después de muchas iteraciones, el proceso finaliza con la presentación de los planes para satisfacer tal necesidad. En las secciones siguientes se examinarán en detalle estos pasos del proceso de diseño.

Identificación de necesidades y definición de problemas
A veces, pero no siempre, el diseño comienza cuando un ingeniero se da cuenta de una necesidad y decide hacer algo al respecto. Generalmente la necesidad no es evidente.

Por ejemplo, la necesidad de hace algo con respecto a una máquina empacadora de alimentos pudiera detectarse por nivel de ruido, por la vibración en el peso de los paquetes y por ligeras, pero perceptibles, alteraciones en la calidad del empaque o la envoltura.

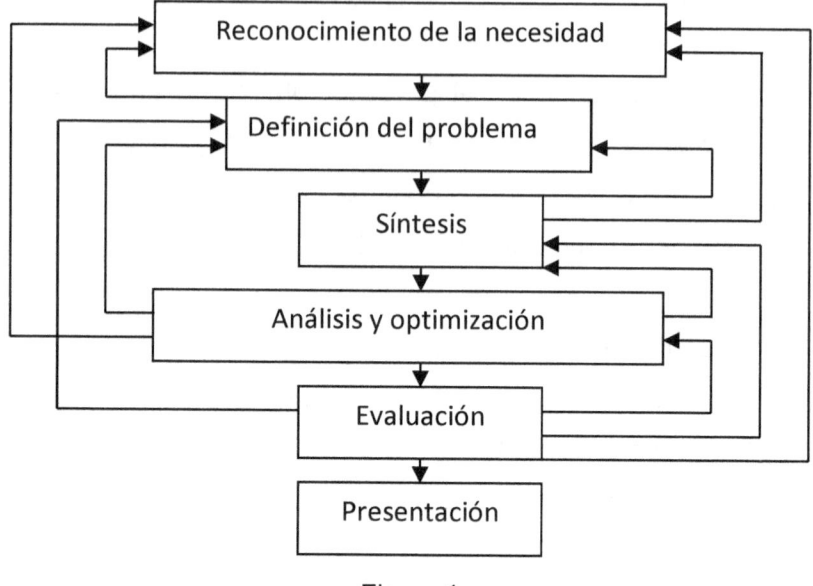

Figura 1

Hay una diferencia bien clara entre el planteamiento de la necesidad y la definiciones del problema que sigue a dicha expresión (fig. 1) el problema es más específico. Si la necesidad es tener aire más limpio, el problema podría consistir en reducir la descarga de partículas sólidas por las chimeneas de plantas de energía o reducir la cantidad de productos irritantes emitidos por los escapes de los automóviles, o bien disponer de medios para apagar rápidamente los incendios forestales. Una vez que se han definido el problema y obtenido un conjunto de especificaciones implícitas, formuladas por escrito, el siguiente paso en el diseño como se indica en la figura 1 es la síntesis de una solución óptima. Ahora bien, esta síntesis no podrá efectuarse antes de hacer el análisis y la optimización, puesto que se debe analizar el sistema a diseñar, para determinar si su funcionamiento cumplirá las especificaciones. Dicho análisis podría revelar que el sistema no es óptimo. Si el diseño no resultase satisfactorio en una de dichas pruebas o en ambas, el procedimiento de síntesis deberá iniciarse otra vez. Se ha indicado, y se reiterará sucesivamente, que el diseño es un proceso iterativo en el que se pasa por varias etapas, se evalúan los resultados y luego se vuelve a una fase anterior del proceso. En esta forma es posible sintetizar varios componentes de un sistema, analizarlos y optimizarlos para, después, volver a la fase de síntesis y ver qué efecto tiene sobre las ademas partes del sistema. Para el análisis y la optimización se requiere que se ideen o imaginen modelos abstractos del sistema que admitan alguna forma de análisis matemático. Tales modelos que reproduzcan lo mejor posible el sistema físico real.

Evaluación y presentación
Como se indica en la figura1, la evaluación es una fase significativa del proceso total de diseño, pues es la demostración definitiva de que un diseño es acertado y, generalmente, incluye pruebas con un prototipo en el laboratorio. En este punto es cuando se desea observar si el diseño satisface realmente la necesidad o las

necesidades. ¿Es confiable? ¿Competirá con éxito contra productos semejantes? ¿Es de fabricación y uso económicos? ¿Es fácil de mantener y ajustar? ¿Se obtendrán grandes ganancias por su venta o utilización?

La comunicación del diseño a otras personas es el paso final y vital en el proceso de diseño. Es indudable que muchos importantes diseños, inventos y obras creativas se has perdido para la humanidad, sencillamente porque los originadores se rehusaros o no fueron capaces de explicar sus creaciones a otras personas. La presentación es un trabajo de venta. Cuando el ingeniero presenta o expone una nueva solución al personal administrativo superior (directores o gerentes, por ejemplo) está tratando de vender o de demostrar que su solución es la mejor; si no tiene éxito en su presentación, el tiempo y el esfuerzo empleados para obtener su diseño se habrán desperdiciado por completo.

En esencia hay tres medios de comunicación que se pueden utilizar: las formas escritas y orales, y la representación gráfica. En consecuencia, todo ingeniero con éxito en su profesión tiene que ser técnicamente competente y hábil al emplear las tres formas de comunicación.

Consideraciones o factores de diseño

A veces, la resistencia de un elemento es muy importante para determinar la configuración geométrica y las dimensiones que tendrá dicho elemento, en tal caso se dice que la resistencia es un factor importante de diseño.

La expresión factor de diseño significa alguna característica o consideración que influye en el diseño de algún elemento o, quizá, en todo el sistema. Por lo general se tiene que tomar en cuenta varios de esos factores en un caso de diseño determinado. En ocasiones, alguno de esos factores será crítico y, si se satisfacen sus condiciones, ya no será necesario considerar los demás. Por ejemplo, suelen tenerse en cuenta los factores siguientes:

1. Resistencia
2. Confiabilidad
3. Condiciones térmicas
4. Corrosión
5. Desgaste
6. Fricción o rozamiento
7. Procesamiento
8. Utilidad
9. Costo
10. Seguridad
11. Peso
12. Ruido
13. Estilización
14. forma
15. Tamaño
16. flexibilidad

17.   Control

18.   Rigidez

19.   acabado de superficies

20.   Lubricación

21.   Mantenimiento

22.   Volumen

Algunos de estos factores se refieren directamente a las dimensiones, al material, al procesamiento o procesos de fabricación o bien, a la unión o ensamble de los elementos del sistema. Otros se relacionan con la configuración total del sistema.

Relación Entre Diseño Y Manufactura

El diseño y la manufactura están muy relacionados. No deben verse como disciplinas separadas. Cada parte o componente debe diseñarse no solamente cumpliendo los requerimientos y especificaciones de diseño, sino también que se puedan fabricar con relativa facilidad y economía. Este enfoque, llamado diseño para la manufactura (Design for Manufacturing DFM) mejora la productividad y permite una manufactura competitiva. Una vez que las partes individuales se han manufacturado, deben ser ensambladas para formar el producto final. Esto debe hacerse con facilidad, rapidez y bajo costo. La siguiente figura muestra algunos ejemplos donde el diseño no favorece el ensamble y la manera de corregirlo.

Criterios De Falla

Al diseñar elementos mecánicos que resistan las fallas se debe estar seguro de que los esfuerzos internos no rebasan la resistencia del material. Si el que se empleará es dúctil, 2entonces lo que más interesa es la resistencia de fluencia, ya que una deformación permanente sería considerada como falla; sin embargo, existen excepciones a esta regla. Muchos de los materiales más frágiles o quebradizos, como los hierros colados, no poseen un punto de fluencia, así que debe utilizarse la resistencia última como criterio de falla. Al diseñar elementos que han de hacerse de material frágil, también es necesario recordar que la resistencia última a la compresión es mucho mayor que a la tensión. Las resistencias de los materiales dúctiles son casi las mismas a tensión que a compresión. Por lo general, se considera que esto ocurrirá en el diseño a menos que se posea información contraria.

Enseguida se tratará el problema de elementos que están sujetos a un estado biaxial o triaxial de esfuerzos.

El problema consiste en cómo relacionar un estado de esfuerzo multiaxial con una sola resistencia, como la de fluencia o la de tensión, a fin de lograr seguridad. Existen varias teorías, cada una aplicable a cierto tipo de materiales.

Diseño Con Nuevos Materiales

Es conveniente dividir las aplicaciones de los nuevos materiales en categorías aeroespaciales y no aeroespaciales. En la primera categoría, es deseable tener bajas densidades conjuntamente con pequeños valores de conductividad y expansión térmica, altos niveles de resistencia y rigidez. El desempeño es más importante que el costo.

Aplicaciones Aeroespaciales

Cerca del 95 % de las partes visibles en el interior de la cabina del Boeing 757 y 767 son fabricadas de materiales no convencionales. Similarmente, se ha visto un incremento de materiales compuestos en helicópteros para la defensa. El uso de materiales compuestos en estructuras aéreas resulta en ahorros de energía. El consumo de combustible es proporcional al peso de las estructuras aéreas. Aplicaciones de aluminio reforzado con fibras se han observado en estructuras espaciales bajo condiciones ambientales muy severas, por ejemplo en el telescopio Hubble. El uso de compuestos con matriz cerámica puede llevar a mejoras potenciales de aviones, helicópteros, misiles, módulos reentrantes de cohetes y otros vehículos espaciales donde se manejan temperaturas del orden de 1600 °C.

PROTECCIÓN DEL DISEÑO INDUSTRIAL

En España existen cuatro formas de proteger el diseño industrial:

1- Diseño Nacional mediante la Ley 20/2003, de 7 de julio, de Protección Jurídica del Diseño Industrial.

2- Diseño Comunitario, que se rige por el Reglamento (CE) 6/2002 del Consejo sobre Dibujos y Modelos Comunitarios.

3- Registro Internacional de Diseños que se rige por el Arreglo de la Haya, el Acta de Ginebra de 1999.

4- Diseño No Registrado previsto en la normativa comunitaria y en el artículo 10.1b de la referida Ley 20/2003.

La Ley 20/2003 de Protección Jurídica del Diseño Industrial "tiene por objeto establecer el régimen jurídico de la protección de la propiedad industrial del diseño". Posteriormente entró en vigor el Real Decreto 1937/2004, de 27 de septiembre, por el que se aprueba el Reglamento de Ejecución de la Ley 20/2003. En esta Ley se emplea la palabra diseño, debido a que es un vocablo más aceptado y permite la distinción con el término legal español modelos de utilidad, que son modalidades diferentes. El Reglamento (CE) 6/2002 del Consejo sobre Dibujos y Modelos Comunitarios y la Directiva 98/71/C del Parlamento Europeo, que se refieren a dibujo y modelo industrial, regulan un único derecho, careciendo la denominación de dibujo o modelo de consecuencias prácticas. El Arreglo de la Haya con sus diversa revisiones conforma un Sistema de Registro Internacional de Diseño Industrial que permite la tramitación de un diseño en un conjunto de países a través de una única solicitud. El Sistema de Diseño Comunitario introdujo una figura nueva acogida de igual manera por la Ley 20/2003 española, el Diseño No Registrado, que permite la obtención de un derecho sobre un diseño que cumpla unos determinados presupuestos por el mero hecho de su puesta en el mercado.

Requisitos de protección del diseño industrial en España
En la Ley 20/2003 de 7 de julio de Protección Jurídica del Diseño Industrial los requisitos de protección de los diseños se encuentran regulados en los artículos del 5 al 12. En strictu sensu los requisitos que tiene en cuenta la Legislación Española para el registro de los Modelos Industriales son:
-Novedad (artículo 6)
-Carácter singular (artículo 7)

Novedad
Un diseño se considera nuevo cuando ningún otro diseño idéntico haya sido hecho accesible al público antes de la fecha de presentación de registro o si se invoca prioridad,

antes de la fecha de prioridad. Son idénticos aquellos diseños cuyas características difieran sólo en detalles irrelevantes. Al examinar la novedad se deben considerar los artículos 9 y 10 de la Ley 20 del 2003. La novedad se debe comparar con una divulgación anterior. En el caso de un diseño registrado los elementos que se comparan son la (s) representación (es) gráfica (s) del nuevo diseño con las representaciones gráficas de anteriores ya divulgados.

Carácter singular

El artículo 7 plantea que se considera que un diseño industrial posee carácter singular cuando la impresión general que produzca en el usuario informado difiera de la impresión general producida en dicho usuario por cualquier otro diseño que haya sido hecho accesible al público antes de la fecha de presentación de la solicitud de registro o, si se reivindica prioridad, antes de la fecha de prioridad. Es decir se examina si el diseño crea una impresión general distinta a cualquier otro diseño anterior, teniendo en cuenta el grado de libertad del autor para desarrollar el diseño. Si existe un menor grado de libertad, puede ocurrir que pequeñas diferencias decidan la singularidad de un diseño. El requisito del carácter singular contempla la impresión general, no la particular, no la que va buscando los pequeños matices o diferencias sino la impresión de conjunto.

Caso problémico

En nuestro criterio no es posible considerar que la sociedad Kellogs infringe los derechos de Panini habida cuenta que, en el caso práctico sometido a nuestra consideración estimamos que el diseño presenta novedad y singularidad. En relación a la novedad es dable apuntar que en cuanto a la forma puede entenderse que contiene diferencias distintivas. En el diseño de cuyo titular resulta Panini los contornos de la ficha están formados por una única pieza en forma de olas regulares. En el diseño presentado por Kellogs el contorno está constituido por una pieza que evidencia 6 pestañas redondeadas que a su vez presentan 6 protuberancias redondeadas al parecer superpuestas; además de una imagen de dibujo animado universalmente reconocido, Fiona. Ambos carecen del número de representaciones gráficas suficientes para una caracterización precisa. Es recomendable la protección de un mayor número de representaciones gráficas que ilustren más el diseño industrial de que se trate. En lo referido a la singularidad el diseño de Kellogs resulta en su conjunto diferente del de Panini toda vez que, la incorporación de la imagen del personaje animado Fiona puede incidir en la decisión del usuario final como elemento de suerte o gracia a la hora de llevar a la práctica el juego. El grado de libertad que poseía el autor para desarrollar su diseño, considerando que son fichas de juego, era bastante amplio, pues como tal no tiene ninguna estructura supeditada a una cuestión funcional, es decir, la estructura de la ficha de juego podía haber diferido aún más significativamente de cualquier otra ficha diseñada para tales propósitos con anterioridad, no obstante, consideramos que puede entenderse que ha creado una imagen general distinta en el usuario.

Fronteras entre las modalidades registrales de marca tridimensional y diseño industrial

Introducción

En la actualidad el valor de una empresa se sustenta cada vez más en su capacidad de generar ideas novedosas y de diferenciarse de sus competidores. Los derechos de propiedad industrial pueden proteger eficazmente el fruto de las ideas innovadoras de la empresa y el prestigio que su marca ha adquirido al ganarse la confianza de los consumidores en sus productos y servicios. Una de las consideraciones que influyen en la decisión de los consumidores al optar por un producto u otro, en particular en los sectores en los que el mercado ofrece una variedad de productos con la misma función, es el atractivo estético. En estos casos, si las prestaciones técnicas de los diversos productos ofrecidos por los distintos fabricantes son relativamente equivalentes, el atractivo estético, en correlación con el costo, naturalmente, determinará la decisión del consumidor.

La protección jurídica de los diseños industriales tiene, por consiguiente, la importante función de proteger uno de los elementos distintivos que aseguran al fabricante el éxito del producto en el mercado. De este modo, al recompensar al creador por la labor de producción del diseño industrial, la protección jurídica sirve como incentivo para la inversión de recursos en el fomento del elemento de diseño de la producción. Por otra parte, en la actualidad, los empresarios comprenden que la buena imagen y la reputación de una marca confieren, por sí solas, una ventaja competitiva a la empresa, porque genera una confianza que es esencial para fidelizar a sus clientes y desarrollar el fondo de comercio de la empresa. Los consumidores tienden a elegir cuidadosamente los productos que prefieren, e incluso establecen un vínculo emocional con determinados productos identificados por sus respectivas marcas y diseños industriales. Constituye para los empresarios una polémica decidir si las formas tridimensionales deben ser protegidas mediante el sistema de marcas o por medio de las normas aplicables a los diseños industriales, ya que las posibilidades de interferencia entre las marcas y los dibujos y diseños industriales es muy grande debido a que estos, aunque no aportan implicación tecnológica, se refieren al aspecto externo de los productos industriales que pueden recaer sobre objetos tridimensionales que al ser considerados signos pueden ser protegidos como marcas, es por eso que interesa destacar el régimen jurídico aplicable a marcas y diseños industriales. Otro aspecto a tener en cuenta en esta cuestión es la posible interferencia entre marca y diseños industriales en cuanto a la novedad u originalidad. El objetivo del presente trabajo es analizar las fronteras entre las modalidades registrales de marca tridimensional y diseño industrial, la cual es difusa en muchas ocasiones.

Desarrollo
Protección en la legislación internacional de las marcas tridimensionales y los diseños industriales
El Convenio de París para la Protección de la Propiedad Industrial de fecha 20 de marzo de 1883, en su artículo 1 numeral 2 plantea que: "La protección de la propiedad industrial tiene por objeto las patentes de invención, los modelos de utilidad, los dibujos o modelos industriales, las marcas de fábrica o de comercio, las marcas de servicio, el nombre comercial, las indicaciones de procedencia o denominaciones de origen, así como la represión de la competencia desleal." Del estudio de este artículo se desprende que desde época tan temprana ya el legislador se preocupó por brindarle cobertura jurídica a las marcas y los diseños industriales. Analizando el articulado del Convenio de Paris, hay que señalar que ese instrumento jurídico no define que se entiende por marca, ni por marcas tridimensionales, quizás la omisión conceptual se

debió a que en la fecha de la promulgación del Convenio este tipo de marcas no tenía el auge que adquirieron posteriormente. En el citado convenio tampoco se define que se entiende por diseños industriales. No es hasta la promulgación del Acuerdo sobre los ADPIC de fecha 15 de abril de 1994, que se brinda una definición de marca en su artículo 15 cuando establece que: "Podrá constituir una marca de fábrica o de comercio cualquier signo o combinación de signos que sean capaces de distinguir los bienes o servicios de una empresa de los de otras empresas. Tales signos podrán registrarse como marcas de fábrica o de comercio, en particular las palabras, incluidos los nombres de persona, las letras, los números, los elementos figurativos y las combinaciones de colores, así como cualquier combinación de estos signos. Cuando los signos no sean intrínsecamente capaces de distinguir los bienes o servicios pertinentes, los Miembros podrán supeditar la posibilidad de registro de los mismos al carácter distintivo que hayan adquirido mediante su uso. Los Miembros podrán exigir como condición para el registro que los signos sean perceptibles visualmente."

En cambio, en esta propia norma, pese a que en su Artículo 25 establece que los miembros deben proteger los dibujos y modelos industriales, no se realiza una definición de que se entiende por los mismos. Según el párrafo 1 del artículo 26, los Miembros de la Organización Mundial del Comercio habrán de conceder al titular de un dibujo o modelo industrial protegido, el derecho de impedir que terceros, sin su consentimiento, fabriquen, vendan o importen artículos que ostenten o incorporen un dibujo o modelo que sea una copia, o fundamentalmente una copia, del dibujo o modelo protegido, cuando esos actos se realicen con fines comerciales.

En el párrafo 2 del artículo 26 se dispone que los Miembros podrán prever excepciones limitadas de la protección de los dibujos y modelos industriales, a condición de que tales excepciones no atenten de manera injustificable contra la explotación normal de los dibujos y modelos industriales protegidos, ni causen un perjuicio injustificado a los legítimos intereses del titular del dibujo o modelo protegido, teniendo en cuenta los intereses legítimos de terceros.

Establece además en el párrafo 3 del propio artículo 26 que la duración de la protección otorgada equivaldrá a 10 años como mínimo.

Las marcas tridimensionales y los diseños industriales

Para la protección de las formas tridimensionales, que pueden consistir en envases o base de presentación de los productos, se utilizan las figuras jurídicas de la marca tridimensional y el diseño industrial. La importancia de la protección de las formas tridimensionales a través de estas figuras jurídicas, consiste en la necesidad de identificar un producto o servicio, para cautivar al público y conseguir una clientela; y esto se debe, a que los consumidores, en ciertas ocasiones, definen la calidad del producto por el aspecto visual y la forma en la que es presentado, siendo esto generalmente la razón por la cual seleccionan el producto. Es conocido que la marca permite identificar un producto o un servicio y diferenciarlo de sus similares en el mercado, con lo cual se convierte en una herramienta indispensable para captar y consolidar clientela. Se entienden por marcas tridimensionales, las formas tridimensionales del producto, siempre que puedan ser delimitadas, entre las que se incluyen los envoltorios, los envases y la forma del producto o su presentación. En sí son formas volumétricas distintivas de productos y servicios. Se plantea por la doctrina que la forma de los productos o sus envases, son el primer tipo de forma tridimensional que ha sido usado en el comercio con fines distintivos, razón por la cual en un momento dado, se vio por conveniente su protección. Una de las primeras marcas tridimensionales protegidas y que actualmente es muy conocida, que consiste en la forma del producto o su envase, es la forma tridimensional de la botella Coca Cola. Existe otro ejemplo muy conocido de una antigua marca tridimensional que consiste en la forma del producto, es el de la famosa caja triangular de los chocolates "Toblerone": Como se sabe, la forma particular de esta marca consiste en que el producto y su envase son triangulares, la que se consideró era una forma particular o arbitraria en relación a las formas utilizadas por el género de productos del rubro chocolate. Como se puede apreciar, tanto en el caso de la botella de Coca-Cola, como la caja triangular de Toblerone, estamos ante formas usuales del producto que se pretende distinguir; son formas particulares o arbitrarias del producto, que como tales gozan de distintividad y por ende pueden ser protegidas como marcas.

No obstante, a pesar de que según el concepto dado anteriormente, actualmente se han desarrollado otros tipos de marcas tridimensionales que consisten en una forma tridimensional dirigida a identificar un producto en el mercado, que no consistía en la forma que dicho producto presentaba. Un ejemplo de este tipo de marca es la afamada marca tridimensional de la Mercedes Benz:

La misma no está conformada por la forma del producto en sí que distingue (el vehículo Mercedes), tampoco es el envase del producto. La estrella tridimensional que lo conforma identifica al producto, pero no consiste en la misma forma del producto. Pero también con el tiempo, la protección marcaria tridimensional de los servicios, se ha ido abriendo camino y adquiriendo mayor desarrollo. Por ejemplo, en los Estados Unidos de América, se protegió como marca, el diseño arquitectónico particular del local de la compañía Fotomat.

En este caso del local de Fotomat, se estaría identificando un servicio característico brindado por dicha compañía; el consumidor evoca dicho servicio en particular como consecuencia de la percepción de la imagen característica del diseño arquitectónico del local y especialmente de la forma de su tejado o techo. (Fotomat Corporation v. Cochran-194 USPQ128).

La Doctrina y la Jurisprudencia Andina, define la marca tridimensional como aquella marca constituida por la forma particular o arbitraria del producto o de su envase; se entiende que se trata de un cuerpo con volumen, que como tal, ocupa las tres dimensiones del espacio: altura, anchura y profundidad. Por su parte el Tribunal del INDECOPI "entiende que, de acuerdo con la Doctrina, marca tridimensional es aquella constituida por formas particulares de los envases, recipientes, embalajes, u otro acondicionamiento de los productos o de la forma de los mismos." De lo anterior se desprende que las formas tridimensionales sirven para identificar productos y servicios y son, por tanto, registrables en principio como marcas pero para constituir marcas válidas deberán cumplir los demás requisitos y no incurrir en ninguna de las prohibiciones legales para constituir marca tridimensional.

Por otro lado, debemos notar que la definición de marca tridimensional que da la doctrina y de la que hemos partido en este trabajo, al únicamente referirse a las formas tridimensionales de los productos o sus envases, deja fuera no sólo a las marcas que consisten en formas tridimensionales que no son la forma del producto que identifican o su envase, sino también a las formas tridimensionales dirigidas a distinguir servicios (estos últimos que consisten como es obvio, no en la forma del producto o su envase, sino en una determinada actividad o conjunto de prestaciones). De las definiciones dadas anteriormente se desprende que la mayoría de la doctrina no incluye en estas las formas tridimensionales que no consisten en la forma misma del producto. En tal sentido nos acogemos a la definición dada por Carlos Cornejos que define a las marcas tridimensionales como aquella forma tridimensional que sirve para identificar y diferenciar productos o servicios de sus similares en el mercado. Ella puede consistir en formas particulares de los productos, sus envases, envoltorios, empaques o recipientes en general; en formas tridimensionales que distingan productos, pero que no consistan en la forma de los mismos, o en formas tridimensionales aptas para distinguir servicios de sus similares en el mercado. La legislación cubana reconoce y protege a las marcas tridimensionales. El Decreto-Ley No. 203 "De marcas y otros signos distintivos" así lo establece en su artículo 3, apartado 1, inciso b) al decir que pueden constituir marcas las formas tridimensionales, siempre que pueda ser delimitativas del producto, entre las que se incluyen los envoltorios, los envases, la forma del producto o su presentación.

Por otra parte, los modelos y diseños industriales protegen las formas o aspectos incorporados a un producto que le confieren carácter ornamental, siendo esta novedosa con el fin de que sea más atractivo para el consumidor. Según el profesor Mitelman la distinción entre modelos y diseños industriales se debe a su propia naturaleza. Plantea que El modelo industriales un objeto espacial, tridimensional, que ocupa un lugar en el espacio. En este ámbito, el producto toma cuerpo en la misma forma que se le da. A diferencia de los diseños -como se verá a continuación- no están dispuestos en una superficie plana (como en los tejidos o en las telas) sino que se ponen de manifiesto en una forma geométrica en el espacio, en una forma nueva conferida a un producto para incrementar su ornamentación o hacer más elegante su aspecto. Ingresan en la categoría de modelos -por ejemplo- las formas que se le puede brindar al vidrio (vasos, floreros, etc.), a la madera (mesas, sillas, cajones, etc.), al bronce (floreros, macetas, etc.), al metal (cubiertos, butacas, etc.). Por otra parte, entiende que el dibujo o diseño industrial se sitúa en un plano y consiste en cierta combinación de líneas o colores. El dibujo o diseño carece de una existencia propia, consiste en una creación inseparable de un producto al que se le aplica con fines de ornamentación (telas, encajes, alfombras, tapices, porcelanas, cerámicas, etc.) con el propósito de aumentar su belleza, individualidad, o valor respecto a otros objetos semejantes, sin aumentar su utilidad, pues aun sin tal aplicación el objeto es apto para cumplir el fin para el cual fue creado. El Decreto-Ley No. 290 "De las Invenciones y

Dibujos y Modelos Industriales" reconoce la figura de los dibujos y modelos industriales y los define en su artículo 91 como: dibujo industrial todo elemento o combinación de elementos planos, de carácter estético u ornamental, ya sea de forma, de colores, de diseños, de textura, con o sin relieve, o sus combinaciones que, incorporado a un producto industrial o artesanal, le otorgue una apariencia especial que lo distinga de sus semejantes y pueda servir de prototipo para su producción industrial o artesanal.

Así mismo define el modelo industrial como todo producto volumétrico, industrial o artesanal, o sus partes cuya forma, configuración, textura, material, o sus combinaciones, le otorguen una apariencia especial de tipo ornamental o estético, que lo diferencie de sus semejantes y pueda servir de prototipo para su producción industrial o artesanal. Por tanto dicho texto legal, reconoce la figura del modelo industrial como un objeto tridimensional definido por su volumen, textura o superficie. Los modelos industriales y los modelos de utilidad presentan analogías pues ambos se refieren a nuevas formas, aunque éstas apuntan a fines diferentes:

a) Los modelos industriales amparan las novedades de las formas puramente en atención a su valor estético, visual u ornamental que dicha forma novedosa tiene. Los modelos de utilidad protegen las formas en cuanto ellas impliquen un aumento o mejoramiento del fin utilitario de un objeto. Los modelos industriales no enriquecen la utilidad del objeto representado. Sus cualidades no se alteran en relación a su fin -particularidad que debe ocurrir en el caso de los modelos de utilidad-. Es la forma, la configuración del objeto la que cambia, sin incrementarse su utilidad. Y ese cambio de forma no busca hacerlo más ventajoso, sino más atractivo.

b) El modelo industrial provoca un efecto estético o decorativo, gravitando sobre el sentido de la vista. El modelo de utilidad provoca un efecto práctico.

c) La protección de la creación ornamental se deriva de su valoración plástica. El amparo del modelo de utilidad depende de su valoración práctica.

No significa, según lo expuesto, que no puedan coexistir en una misma concepción estas figuras. Un objeto puede ser configurado de modo que se materialicen en él innovaciones formales que aumenten su utilidad y otras configuraciones que, si bien no lo hacen de uso más ventajoso, le confieren una apariencia más atrayente.

La protección jurídica de los diseños industriales tiene, por consiguiente, la importante función de proteger uno de los elementos distintivos que aseguran al fabricante el éxito del producto en el mercado. De este modo, al recompensar al creador por la labor de producción del diseño industrial, la protección jurídica sirve como incentivo para la inversión de recursos en el fomento del elemento de diseño de la producción. La finalidad de los diseños industriales es hacer que los productos utilitarios, los productos industriales y los productos de consumo sean más atractivos a la vista, es decir, más estéticos para los compradores potenciales. El hecho de que el producto sea más agradable a la vista añade valor estético y a la vez valor comercial a este producto. Ese valor se convierte en algo concreto cuando por un artículo, por ejemplo, un reloj de pulsera, en el que esté incorporado un diseño específico, se puede pedir un precio comercial más elevado que por otro reloj de características funcionales idénticas pero de forma o aspecto diferente. Un ejemplo de un diseño industrial es la figura que se muestra a continuación:

En general los elementos funcionales de una lámpara no varían mucho de un producto al otro, por lo que su aspecto determina su éxito en el mercado. Por ello muchos productos de uso doméstico se protegen por diseño industrial.

Los diseños industriales deben cumplir con determinados requisitos para que sean protegidos, que establecen cada una de las diferentes legislaciones. El primero de los requisitos a cumplir es la novedad u originalidad. Se trata de un requisito legal por el cual únicamente se otorga protección a un diseño industrial mediante registro si el diseño es nuevo o, como se expresa en ocasiones, original. La novedad del diseño constituye el motivo fundamental de la recompensa que se concede al creador protegiendo el diseño industrial mediante registro. Si bien el requisito de novedad figura en todas la leyes, la índole de la novedad que se exige como condición de la protección varía de una legislación a otra en los diversos países. La novedad exigida es a veces absoluta o universal, lo que significa que el diseño cuyo registro se solicita, debe ser nuevo en relación con todos los demás diseños producidos en todo el mundo, en cualquier época anterior y divulgada por cualquier medio material u oral. Por otra parte, en ocasiones se exige una norma condicional de novedad.

Por su parte el profesor Greffe, en su libro titulado "La protection du design en France et dans les pays de la CEE", define el diseño industrial como "el aspecto estético industrial aplicado a la búsqueda de nuevas formas que se adapten a sus funciones; es decir, es la combinación de lo inútil, con un aspecto ornamental y útil". Como puede constatarse con el diseño industrial se protege la apariencia particular de un producto que resulte de la combinación de líneas y colores, o de cualquier forma externa bidimensional o tridimensional, línea, contorno, configuración, textura o material, sin que cambie el destino o finalidad de dicho producto. Debe gozar de novedad, es decir, no presentar diferencias simplemente secundarias o ser igual a los existentes. El derecho conferido es esencialmente temporal. Un diseño industrial añade valor al producto, lo hace más atractivo y llamativo a los clientes y puede incluso convertirse en el principal motivo de compra del producto. Por lo tanto, la protección de los diseños valiosos suele ser una parte fundamental de la estrategia comercial de cualquier diseñador o fabricante.

En las definiciones de diseño industrial que figuran en los textos jurídicos como los que se acaban de mencionar se aprecia una serie de elementos comunes que caracterizan a los diseños industriales como objeto de protección, a saber:

a) *Visibilidad*. Se parte de la base de que los diseños industriales deben ser visualmente perceptibles. La visibilidad es una condición para que el diseño industrial sea reconocido. Al incorporarlos en un producto específico, la forma o la apariencia deben ser visibles y susceptibles de ser "visualmente apreciados". Se exige también que el diseño quede a la vista durante el uso normal del producto por su usuario. Ese aspecto es particularmente importante en relación con los productos que cambian de aspecto durante el uso normal. Se estipula que sólo se considerará que el dibujo o modelo aplicado o incorporado a un producto, que constituya un componente de un producto complejo reúne las condiciones para ser protegido si el componente, una vez incorporado al producto complejo, sigue siendo visible durante la utilización normal de este último. Se aclara también que por "utilización normal" se entiende la utilización por parte del consumidor final, sin incluir las medidas de mantenimiento, conservación o reparación. A tenor de esa condición, la forma de partes y piezas del motor de un automóvil que no sean visibles durante la utilización normal del vehículo quedaría fuera del alcance de la protección de los diseños.

b) *Apariencia especial.* El diseño concede al producto en el que está incorporado una apariencia particular. Además, hace que un artículo parezca diferente y sea más atractivo para el consumidor o usuario potencial. La apariencia es el resultado de la opción que toma el diseñador entre un gran número de medios y técnicas posibles, incluida la forma y el contorno, el volumen, los colores y líneas, el material y la textura, y el tratamiento de la superficie.

c) *Aspectos no técnicos.* Los diseños industriales se limitan exclusivamente al aspecto visible de un producto, dejando de lado las características técnicas o funcionales del mismo. Aunque el aspecto exterior de un producto depende tanto de la función para la que se haya previsto como de la estética, sólo las características del aspecto exterior que no obedezcan exclusivamente a criterios técnicos podrán protegerse a título de diseño. El aspecto exterior puede derivarse de los efectos que se apliquen a la superficie del producto (características bidimensionales), de la forma del producto (características tridimensionales) o, lo que es más común, de una combinación de ambos tipos de características.

d) *Incorporación en un artículo utilitario*: Los diseños industriales tienen por finalidad su incorporación en artículos utilitarios, es decir, productos que tienen finalidades útiles y funcionales. Su objetivo primordial no es ser objetos puramente estéticos, como las obras de bellas artes. El requisito de que el diseño pueda incorporarse en un producto útil traduce su verdadera finalidad, a saber, hacer que el producto sea más atractivo sin impedir por ello que desempeñe las funciones para las que se haya creado. En algunas leyes se exige de forma expresa que el diseño sirva de modelo o tipo para la fabricación de un producto industrial o que tenga aplicación industrial. En otras leyes se menciona que los diseños pueden también aplicarse a los productos de artesanía.

De todo lo anterior en consecuencia, podemos establecer que el diseño industrial, al igual que las marcas tridimensionales, tiene el objetivo de identificar y distinguir productos o servicios, mediante la protección de formas tridimensionales; sin embargo, su principal función es impedir la fabricación de productos que tengan un diseño similar al registrado, con el fin de que el titular pueda recuperar la inversión realizada para la creación del diseño, a diferencia de la marca tridimensional que sólo protege al titular de la falsificación de su marca entre los consumidores.

SISTEMAS CAD/CAM/CAE

Introducción

La automatización de los procesos industriales a través de los años ha dado lugar a un avance espectacular de la industria. Todo ello ha sido posible gracias a una serie de factores entre los que se encuentran las nuevas tecnologías en el campo mecánico, la introducción de los computadores, y sobre todo el control y la regulación de sistemas y procesos. La incorporación de los computadores en la producción es, sin lugar a dudas, el elemento puente que está permitiendo lograr la automatización integral de los procesos industriales. La aparición de la microelectrónica y de los microprocesadores ha facilitado el desarrollo de técnicas de control complejas, la robotización, la implementación de sistemas de gobierno y la planificación. Todos estos elementos llevan consigo la reducción de costos, el aumento de la productividad y la mejora de calidad del producto. La primera época de la automatización estuvo marcada por la aplicación de dispositivos capaces de controlar una secuencia de operaciones y el comienzo del estudio sobre la regulación automática. Además, a nivel de empresa, se desarrolló el concepto de producción continua tanto para la fabricación de productos típicamente continuos, como para los de tipo discreto. La segunda época, desde la Segunda Guerra Mundial hasta nuestros días, se ha caracterizado por la aparición de la microelectrónica y con ello la de los computadores, y a su vez por el gran avance de la Teoría del Control. También en esta época, la introducción de los robots industriales en la fabricación de series pequeñas y medianas ha incrementado sustancialmente la flexibilidad y autonomía de la producción.

Sistemas CAD/CAM

Ambas siglas provienen de su denominación en inglés. Para diseñar usaremos el C.A.D. (Computer Aided Design), mientras que para la fabricación se emplea el C.A.M. (Computer Aided Manufacturing).

El diseño y fabricación con ayuda de computador, comúnmente llamado CAD/CAM, es una tecnología que podría descomponerse en numerosas disciplinas pero que normalmente, abarca el diseño gráfico, el manejo de bases de datos para el diseño y la fabricación, control numérico de máquinas herramientas, robótica y visión computarizada. Históricamente los CAD comenzaron como una ingeniería tecnológica computarizada, mientras los CAM eran una tecnología semiautomática para el control de máquinas de forma numérica. Pero estas dos disciplinas se han ido mezclando gradualmente hasta conseguir una tecnología suma de las dos, de tal forma que los sistemas CAD/CAM son considerados, hoy día, como una disciplina única identificable.

La evolución del CAD/CAM es como sigue:
SISTEMAS PIS. (Sistema de información de Imágenes)
Un sistema de este tipo es una forma especial de sistema de información que permite la manipulación, almacenamiento, recuperación y análisis de datos de imágenes. La lista de nuevas aplicaciones dentro del procesamiento digital de imágenes ha crecido al incluir CAD interactivo, procesamiento de datos geográficos, sensores remotos para estudiar los recursos de la tierra, procesamiento de datos relativos a economía agrícola, aplicaciones a la cartografía y a la realización de mapas.

Análisis de imágenes variables en el tiempo. (Sistemas CATVI)

Los CATVI comprenden métodos y técnicas de procesamiento de imágenes variables en el tiempo, con el fin de encontrar diferencias entre las secuencias de una escena, transmitida por un sensor de visión y almacenadas en un computador, y que son causados por el movimiento de objetos o del sensor.

Sistemas FMS. (Sistema de Fabricación Flexible)

La arquitectura de la red de ordenadores en un FMS es jerárquica con tres niveles de operación. Un computador, maestro o principal, ejerce el control del sistema de computadores, el segundo nivel de computadores subordinados al principal se denomina Módulo de Control Numérico, el cual supervisa las operaciones de la máquina-herramienta.

El nivel más bajo de control por ordenador es el sistema de Control Numérico Computarizado el cual está directamente relacionado con la máquina-herramienta.

Sistemas AM. (Fabricación Autónoma)

Los Sistemas AM están relacionados con las metodologías de tomas de decisión necesarias para la planificación y el control. Los AM pueden descomponerse en dos niveles, la Fábrica y la Célula de fabricación.

Sistemas ISIS. (Sistema de Inteligencia Artificial)

Es un sistema de Inteligencia Artificial capaz de solucionar el problema de cómo construir de forma precisa en el tiempo adecuado, los inventarios reales y manejarlos en el ambiente de una empresa.

Células transportables.

Es un sistema diseñado para usar una gran variedad de máquinas (cada una de las cuales se comunica con el sistema en diferentes lenguajes), coordinarlas y operar con ellas sin fallos.

Sistemas CAD

CAD es el acrónimo inglés de Computer Aided Design, y significa Diseño Asistido por Computador. La tecnología CAD se dirige a los centros técnicos y de diseño de una amplia gama de empresas: sector metalmecánico, ingeniería electrónica, sector textil y otros.

El uso de la tecnología CAD supone para el diseñador un cambio en el medio de plasmar los diseños industriales: antes se utilizaba un lápiz, un papel y un tablero de dibujo. Con el CAD, dispone de un ratón, un teclado y una pantalla de ordenador donde observar el diseño. Así, un computador, al que se le incorpora un programa de CAD, le permite crear, manipular y representar productos en dos y tres dimensiones. Esta revolución en el campo del diseño ha venido de la mano de la revolución informática.

Las mejoras que se alcanzan son:

- Mejora en la representación gráfica del objeto diseñado: con el CAD el modelo puede aparecer en la pantalla como una imagen realista, en movimiento, y observable desde distintos puntos de vista. Cuando se desee, un dispositivo de impresión (plotter) proporciona una copia en papel de una vista del modelo geométrico.

- Mejora en el proceso de diseño: se pueden visualizar detalles del modelo, comprobar colisiones entre piezas, interrogar sobre distancias, pesos, inercias, etc. En conclusión, se optimiza el proceso de creación de un nuevo producto reduciendo costes, ganando calidad y disminuyendo el tiempo de diseño.

En resumen, se consigue una mayor productividad en el trazado de planos, integración con otras etapas del diseño, mayor flexibilidad, mayor facilidad de modificación del diseño, ayuda a la estandarización, disminución de revisiones y mayor control del proceso de diseño.

Un buen programa CAD no sólo dispone de herramientas de creación de superficies, sino también de posibilidades de análisis y verificación de las mismas, entendiendo por superficies correctas aquéllas cuyos enlaces entre ellas son continuos en cuanto a tangencia y curvatura, y sin contener zonas donde se ha perdido continuidad de curvatura.

No obstante, al no ser posible detectar todos los defectos, en muchos casos es aconsejable fabricar un modelo real de la pieza a fin de poder analizar mejor el resultado obtenido, sobre todo en aquellos casos en que a partir de las superficies creadas en el CAD se diseña el molde. Para fabricar dichos modelos se utilizan tecnologías de fabricación rápida de prototipos.

Además de la verificación de las superficies, un programa CAD avanzado permite trazar superficies paralelas a las creadas, por ejemplo generando la piel interna de la pieza a partir de la piel externa en el caso de piezas con un espesor uniforme conocido y debe tener los elementos necesarios para conseguir realizar sobre el modelo CAD todas las actividades de ingeniería de diseño necesarias (nerviado, fijaciones, centradores, elementos rigidizadores).

Sistemas CAM

La ingeniería CAM hace referencia concretamente a aquellos sistemas informáticos que ayudan a generar los programas de Control Numérico necesarios para fabricar las piezas en máquinas con CNC. A partir de la información de la geometría de la pieza, del tipo de operación deseada, de la herramienta escogida y de las condiciones de corte definidas, el sistema calcula las trayectorias de la herramienta para conseguir el mecanizado correcto, y a través de un postprocesado genera los correspondientes programas de CN con la codificación especifica del CNC donde se ejecutarán. En general, la información geométrica de la pieza proviene de un sistema CAD, que puede estar o no integrado con el sistema CAM. Si no está integrado, dicha información geométrica se pasa a través de un formato común de intercambio gráfico. Como alternativa, algunos sistemas CAM disponen de herramientas CAD que permiten al usuario introducir directamente la geometría de la pieza, si bien en general no son tan ágiles como las herramientas de un sistema propiamente de CAD.

Algunos sistemas CAM permiten introducir la información geométrica de la pieza partiendo de una nube de puntos correspondientes a la superficie de la pieza, obtenidos mediante un proceso de digitalizado previo. La calidad de las superficies mecanizadas depende de la densidad de puntos digitalizados. Si bien este método acorta el tiempo necesario para fabricar el prototipo, en principio no permite el rediseño de la pieza inicial.

La utilización más inmediata del CAM en un proceso de ingeniería inversa es para obtener prototipos, los cuales se utilizan básicamente para verificar la bondad de las superficies creadas cuando éstas son críticas. Desde el punto de vista de la ingeniería concurrente es posible, por ejemplo, empezar el diseño y fabricación de parte del molde simultáneamente al diseño de la pieza que se quiere obtener con el molde, partiendo de la superficie externa de la pieza mientras aún se está diseñando la parte interna de la misma.

Sistemas CAE

Bajo el nombre de ingeniería asistida por computador (Computer Aided Engineering) se agrupan habitualmente tópicos tales como los del CAD y la creación automatizada de dibujos y documentación. Es necesario pasar la geometría creada en el entorno CAD al sistema CAE. En el caso en que los dos sistemas no estén integrados, ello se lleva a término mediante la conversión a un formato común de intercambio de información gráfica.

Sin embargo, el concepto de CAE, asociado a la concepción de un producto y a las etapas de investigación y diseño previas a su fabricación, sobre todo cuando esta última es asistida o controlada mediante computador, se extiende cada vez más hasta incluir progresivamente a la propia fabricación. Podemos decir, por tanto, que la CAE es un proceso integrado que incluye todas las funciones de la ingeniería que van desde el diseño propiamente dicho hasta la fabricación.

Antes de la aparición de los paquetes de diseño, los diseñadores solo contaban con su ingenio y un buen equipo de delineantes que transportaban al papel sus ideas con un cierto rigor. Es quizás, por este motivo, por el que los primeros paquetes de diseño surgieron como réplica a estos buenos dibujantes, con la ventaja de la facilidad de uso, edición y rapidez.

Conforme el hardware evolucionaba y disminuían los costes de los equipos, los programas eran más rápidos y las bases de datos de mayor tamaño, fue apareciendo un fenómeno de insatisfacción en los usuarios, un buen programa de dibujo no bastaba, era necesario un sistema que diseñara el producto desde el principio (boceto) hasta el final (pieza terminada), siguiendo unas reglas de diseño.

Para realizar la ingeniería asistida por computador (CAE), se dispone de programas que permiten calcular cómo va a comportarse la pieza en la realidad, en aspectos tan diversos como deformaciones, resistencias, características térmicas, vibraciones, etc.

Usualmente se trabaja con el método de los elementos finitos, siendo necesario mallar la pieza en pequeños elementos y el cálculo que se lleva a término sirve para determinar las interacciones entre estos elementos.

Mediante este método, por ejemplo, se podrá determinar qué grosor de material es necesario para resistir cargas de impacto especificadas en normas, o bien conservando un grosor, analizar el comportamiento de materiales con distinto límite de rotura. Otra aplicación importante de estos sistemas en el diseño de moldes es la simulación del llenado del molde a partir de unas dimensiones de éste dadas, y el análisis del gradiente de temperaturas durante el llenado del mismo.

La realización de todas estas actividades CAE dependerá de las exigencias del diseño, y suponen siempre un valor añadido al diseño al detectar y eliminar problemas que retrasarían el lanzamiento del producto.

En resumen, los sistemas CAE nos proporcionan numerosas ventajas:

- Facilidad, comodidad y mayor sencillez en la etapa de diseño.

- Rapidez, exactitud y uniformidad en la fabricación.

- Alto porcentaje de éxito.

- Eliminación de la necesidad de prototipos.

- Aumento de la productividad.

- Productos más competitivos.

- Fácil integración, sin problemas adicionales, en una cadena de fabricación.

- Se obtiene un producto económico, de óptima calidad y en el menor tiempo posible.

Aplicaciones

Las principales aplicaciones del CAD/CAM se dan en dos campos de acción: el mecánico y el electrónico, dominando el primero con un 58 % del mercado, mientras que el diseño electrónico alcanza sólo el 19 %, según datos referidos a 1988. Esto es debido a que el nivel tecnológico al que se ha llegado exige un gran conocimiento del mismo a la hora de diseñar programas.

Aparte del diseño mecánico de piezas y/o máquinas donde el peso de la industria del automóvil y bienes de equipo es notable, otros sectores industriales utilizan la tecnología CAD. Se usa para el diseño electrónico de circuitos (CAD 2D), arquitectura e ingeniería civil, ingeniería industrial (edificios y plantas industriales, urbanismo), patronaje en la industria textil (CAD 2D), y muchos otros como artes gráficas y animación.

¿Qué nos permiten hacer?

- Desarrollo de Productos y Empaques.

- Elaboración de prototipos y modelos computacionales fotorrealísticos y funcionales.

- Determinar la viabilidad mecánica de los diseños y/o cumplimiento de norma.

- Ingeniería inversa. [1]

- Reducir el ciclo de desarrollo, mejorar la calidad y las propiedades deseadas.

- Optimizar los diseños desde el punto de vista estructural.

- Análisis utilizando tecnologías de elementos finitos (Esfuerzos, Deformaciones, Pandeo, Dilataciones Térmicas, Transferencia de Calor).

- Simulación cinemática y dinámica de mecanismos.

- Optimizar los moldes y procesos de fundición y/o inyección (Inyectabilidad, Tiempos de inyección, Líneas de Flujo, Flujo vs. tiempo, Temperatura durante el llenado,

Trampas de aire, Frente de presión, Análisis de Solidificación, Esfuerzos Residuales).

- Simulación de Fundición e Inyección de Metales (Predicción de Estructuras y Propiedades Metalúrgicas, Tratamiento Térmico).

- Simulación de Inyección de Plástico.

[1] *Ingeniería Inversa: modelización en CAD de un objeto real, a partir de la digitalización por máquina tridimensional de medida. Se trata de tareas en las que otra tecnología, el CAM, tiene también su papel: posteriormente a la modelización CAD del objeto real mediante superficies (alterando el diseño según se desee), se pasa a fabricar con técnicas CAM el molde que permitirá la fabricación a gran escala del objeto. Es frecuente que, previamente a la fabricación del molde y usando también tecnología CAM o de Rapid Prototyping, se produzca directamente el objeto a partir de su modelización CAD, como si se tratara de una impresión 3D.*

Perspectivas de futuro.

Las tecnologías CAD/CAM/CAE se encuentran ya en una fase de madurez. Su utilidad es indiscutible y han abierto posibilidades para el rediseño y fabricación impensables sin estas herramientas. La falta de sistemas de diseño va asociada a rediseños que se realizan sobre la marcha, con la consiguiente pérdida de tiempo y dinero. El factor tiempo también repercute de forma prioritaria en el desarrollo de prototipos. Los fabricantes de maquinaria informática que permiten soportar programas de CAD, van a proporcionar en los próximos años ordenadores más veloces, con más memoria y mayor potencia gráfica. Como tendencia de futuro, se confirmará la desaparición de la ya tenue frontera entre el mundo de los PC's y el de las Estaciones de Trabajo CAD. En el campo de los periféricos CAD sucederá algo parecido: los plotters, consolidada la tecnología de inyección de tinta, van a ser cada vez más rápidos y de mejor resolución. Otra tendencia de futuro en el campo de los periféricos es la popularización de los dispositivos de impresión 3D. Hasta el presente, las tecnologías de Rapid Prototyping, aunque consolidadas, no se han utilizado intensivamente dado su elevado coste. Los aparatos de reproducción tridimensionales de diseños compartirán un lugar con el plotter en la oficina técnica del mañana. Mayor integración con las tecnologías CAE y CAM, con una especial potenciación del CAE: actualmente la mayoría de los desarrolladores CAD cubren con su producto las necesidades de diseño, ingeniería y fabricación de la empresa, ofreciendo soluciones compactas en los más diversos campos de las tecnologías asistidas por computador. Pero lo que actualmente es casi una yuxtaposición de módulos CAD, CAE y CAM, en el futuro será una unidad total: en etapas tempranas del diseño se podrá verificar su funcionalidad y fabricabilidad, contando además con tecnologías de Rapid Protyping de los utillajes de fabricación (Rapid Tooling). La competencia es cada día mayor y el tiempo de lanzamiento del producto es primordial a la hora de conseguir mayores beneficios. Por último, podemos citar la ausencia, prácticamente total, de formación con herramientas CAE de los estudiantes de ingeniería. Uno de los éxitos educacionales consistirá en preparar a estos estudiantes en el entorno industrial que le espera donde los sistemas integrados CAE están convirtiéndose en estándares. El futuro se muestra ambicioso tecnológicamente hablando, por la introducción de las Células de fabricación flexible y el gran avance de los Computadores y de los Robots. Todo ello lleva a pensar que en un futuro próximo la "Fábrica Automática" será una realidad.

Empresas especializadas

Se citan a continuación las principales empresas desarrolladoras de software CAD, junto con el producto CAD que crean:

Autodesk • AUTOCAD V14

Silicon Graphics • ALIAS WAVEFRONT

ComputerVision • CADD 5

Dassault Systèmes • CATIA

Mc Donell Douglas • Unigraphics

Hewlett Packard • PE-ME10, PE-SolidModeler

Intergraph • EMS

Matra Datadivision • Euclid

Parametrics Technology C. • Pro/Engineer

SDRC • IDEAS Master Series

ALIAS

- Diseño y fabricación "llaves en mano" de equipos de automatización, trabajando el personal especialista en CAD de forma concurrente con personal de otros ámbitos: ingenieros informáticos, de telecomunicaciones, de visión por ordenador, etc.

- Diseño de productos de consumo, desde su concepción a su aprobación por departamentos de marketing a partir de imágenes realistas del objeto concebido.

- Representación y rediseño de objetos calculados con técnicas CAE (Análisis por Elementos Finitos) a fin de mejorar sus características de funcionamiento. Ello puede suponer aumentar su resistencia a determinados esfuerzos, evitar grandes deformaciones, evitar vibraciones por debajo de un umbral, etc.

- Representación y rediseño de objetos para su posterior fabricación con tecnologías CAM.

- Ingeniería Inversa: modelización en CAD de un objeto real, a partir de la digitalización por máquina tridimensional de medida.

- Diseño basado en los sólidos, como forma más natural de afrontar la creación de un objeto.

- Interfaces con el usuario cada vez más simple y estandarizado: el diálogo con el programa de CAD requiere de menor aprendizaje y el acceso a las funciones de diseño es sencillo.

- Potenciación del diseño paramétrico y variacional: con estas capacidades, los modelos son modificados fácilmente, los rediseños se hacen a un bajo coste y pueden probarse muchas alternativas antes de decidir una solución para un producto.

- Acotación automática: elaboración rápida de planos una vez está creada la geometría tridimensional.

- Bases de datos relacionales: al modificar un diseño CAD, el sistema automáticamente realiza de nuevo los cálculos CAE y CAM que se hicieron en el anterior diseño, dado que los datos son compartidos por los diversos módulos.

PRO/ENGINEER

- Es un producto diseñado pensando en los usuarios de los sistemas de automatización del diseño mecánico.

- Ayuda a resolver los retos de automatización en diseño y fabricación. Su estructura de datos, totalmente asociativa, convierte a Pro/ENGINEER en un sistema de última generación.

- Los cambios realizados en cualquier etapa del proceso se propagan automáticamente hacia atrás y adelante al resto de las etapas del proceso. Un cambio en los dibujos del conjunto se reflejará en los modelos de pieza y así sucesivamente con otras etapas. Con lo que se evita pérdidas de tiempo y repeticiones en el trabajo.

- Pro/ENGINEER es un sistema paramétrico de modelado sólido basado en características (chaflanes, vaciados, redondeos, taladros, etc.). Permite cambiar modelos y realizar iteraciones de diseño.

PRO/MECHANICA

Las soluciones para Simulación y Optimización permiten la optimización del comportamiento del producto, ya que posibilitan una comprensión de cómo funcionará un diseño en un entorno real. Estos conocimientos, como por ejemplo cómo se comportará un ensamblaje en movimiento, proporcionan la perspectiva necesaria para crear el mejor producto posible, todo ello en un entorno fácil de usar, diseñado para el ingeniero que no está familiarizado con las técnicas de análisis.

Las soluciones para Simulación y Optimización le *permiten:*

- Utilizar los términos habituales en ingeniería, en lugar de un lenguaje de análisis numérico, a través de un interfaz creado teniendo en cuenta a los proyectistas.

- Investigar las características estructurales, térmicas y vibratorias, mediante el desarrollo de ensayos de comportamiento en la pantalla, antes de que sea necesaria una revisión más costosa.

- Estudiar varios entornos de diseño y hacerlos converger de forma rápida en el diseño perfecto, eliminando la necesidad de comprometer la calidad o de sobredimensionar los productos.

- Emplear una configuración de diseño precisa sin aproximaciones faceteadas, garantizando resultados más precisos.

- Definir directamente en la configuración del modelo y de forma intuitiva las cargas, restricciones, conexiones y temperaturas, lo que permite concentrarse en el producto y no en abstracciones matemáticas.

UNIGRAPHICS

- Es una herramienta CAD/CAM/CAE que cubre todo el ciclo de desarrollo de un producto, desde la primera idea del diseñador hasta la obtención de la pieza terminada.

- Como modelador híbrido combina el diseño paramétrico con el tradicional complementándose con un potente y fiable módulo para el mecanizado y el análisis térmico y estructural.

- Permite trabajar con secciones sobre o infradimensionadas, combinar sólidos paramétricos con superficies complejas evolutivas, permitiendo añadir nuevas especificaciones al diseño o anular anteriores restricciones, dando al diseñador absoluta libertad de trabajo.

- El principio básico es la utilización del modelo tridimensional como punto de partida, facilitando la creación de vistas, secciones, detalles y proyecciones de un modo automático. El dibujo así creado está totalmente asociado con la pieza de partida.

- Proporciona las técnicas de procesado, mallado de la geometría, análisis básico de esfuerzos y postprocesado de datos interpretando gráficamente los resultados obtenidos.

CDRS
- Funciona exactamente como los diseñadores piensan, aportando claridad al diseño con superficies perfectas y detalles complejos, todo ello en un tiempo récord. Las funciones de fotorrealismo y animación proporcionan un excelente conjunto de herramientas con las que evaluar los modelos, investigar alternativas de diseño y comunicar ideas.

- Las curvas se pueden generar mediante el trazado directo a partir de imágenes escaneadas, o pueden crearse "a mano alzada". El usuario tiene control absoluto sobre la forma de la curva, ya que cualquiera de sus puntos puede ser modificado. Seleccionando un conjunto de curvas de definición básicas, CDRS se encargará de crear las superficies automáticamente.

- Las superficies CDRS se construyen correctamente desde el principio. Pueden combinarse equitativamente o una forma puede dominar a otra. Se puede "esculpir" el modelo de forma dinámica "empujando" o "tirando" de las curvas (se observa como las superficies conectadas se actualizan instantáneamente).

- CDRS dispone de potentes herramientas para analizar la forma, la curvatura, los realzados y los ángulos de inclinación. Puede cortar secciones dinámicamente y visualizar condiciones de continuidad en superficies. Generar representaciones fotorrealistas de algunas superficies, comprobando cómo el realzado se extiende sobre una región. También se puede utilizar la animación en el modelo para observar cómo las sombras y los reflejos se desplazan sobre las superficies. Las representaciones matemáticamente correctas eliminan la necesidad de crear modelos físicos para evaluar las superficies. Las superficies de alta calidad creadas en pantalla se conservan como tales a lo largo del proceso de diseño hasta la fase de producción.

- Investigar nuevas alternativas de diseño y comunicar las ideas a los ingenieros, fabricantes y directores. CDRS dispone de una interfaz directa con Pro/ENGINEER® que permite utilizar la geometría original y compartir los datos desde las primeras etapas del proceso de diseño. Si se efectúan cambios en el diseño, el modelo técnico se actualiza automáticamente. Gracias a ello, los equipos de diseño e ingeniería pueden comprobar los resultados inmediatos de sus modificaciones en el diseño global.

- Crear presentaciones convincentes para facilitar la selección del diseño y la aprobación de éste, sin perder tiempo y dinero en la construcción de prototipos físicos. El fotorrealismo permite crear imágenes tan reales que se podrán utilizar con fines de marketing antes de fabricar el producto.

WORKNC-CAD

- La integración total entre el CAD y el CAM permite simplificar notablemente los procesos constructivos. Durante la preparación del mecanizado, WorkNC-CAD permite de forma muy fácil la extensión de superficies, definición de puntos de taladro, tapado de agujeros, extracción de curvas y contorno de resto de material para la creación automatizada de electrodos.

- Sólo se tarda unos pocos minutos en analizar ángulos de despulla, radios, superficies planas, alturas y realización de secciones dinámicas que permiten validar rápidamente la factibilidad de la pieza.

- Frecuentemente se producen y se reciben modificaciones en la geometría de la pieza. Por ello, WorkNC-CAD incluye funciones que comparan dos ficheros automáticamente en búsqueda de sus diferencias, que se visualizan en capas de distintos colores. Esto permite evitar errores y aporta máxima rapidez y fiabilidad.

- Separación Macho-Cavidad. En pocos minutos y simplemente seleccionando las superficies deseadas se puede separar automáticamente el macho de la cavidad en todo tipo de piezas.

- Es posible aplicar factores de escala individuales a los ejes X, Y y Z de una pieza. Esta función se usa por ejemplo al crear electrodos.

- Incluye todas las funciones necesarias para la modelización de elementos activos del utillaje (superficies de junta, cortes para moldes de soplado, extensión tangencial de superficies, recorte y modificación y de superficies dinámicamente, etc.).

- Facilidad en la creación de superficies de junta. WorkNC-CAD busca de forma automática las líneas de junta, y simplifica enormemente la creación de superficies de junta.

- Creación instantánea de electrodos.

- Creación de superficies de protección y tapado rápido de agujeros. WorkNC-CAD permite la corrección de agujeros e imperfecciones de la pieza, y el rápido relleno de superficies complejas manteniendo tangencia con múltiples superficies adjuntas.

- Creación de filetes de superficies. WorkNC-CAD permite crear filetes fácilmente a lo largo de zonas complejas. Esta función tolera inteligentemente imperfecciones en la geometría de la pieza.

- Ficheros de salida para múltiples usos. WorkNC-CAD puede generar ficheros y documentos necesarios para múltiples departamentos: Dibujos impresos para el taller, ficheros con formato estándar para contratistas y subcontratistas, exporte directo hacia WorkNC etc.

- WorkNC-CAD también ofrece un gran rango de funciones 2D que permiten crear dibujos complejos. Entre otras funciones figuran: librería de símbolos personalizados, acotación variada y configurable, diseño semiautomático de circuitos de refrigeración, etc.

- Fácil de utilizar y con una interfaz cómoda. Entre sus funcionalidades se incluyen: "pre-snap" una preselección que evita errores, zoom rápido, interrogación y modificación de distancias y entidades, uso de hasta 4000 capas, múltiples filtros de selección, ilimitado uso del comando deshacer / rehacer, incluso tras haber salvado el fichero, una función integrada copiar / pegar entre distintos ficheros, etc.

- Creación y modificación de todo tipo de entidades: líneas, arcos, círculos, curvas, superficies NURBS, superficies regladas, superficies de Coons, superficies por secciones y raíles, correcciones, superficies tangentes, relleno de superficies complejas manteniendo tangencia con múltiples superficies adjuntas, etc.

- Acotación con múltiples funciones y configurable.

- Creación, edición e inserción de símbolos.

Ejemplos:

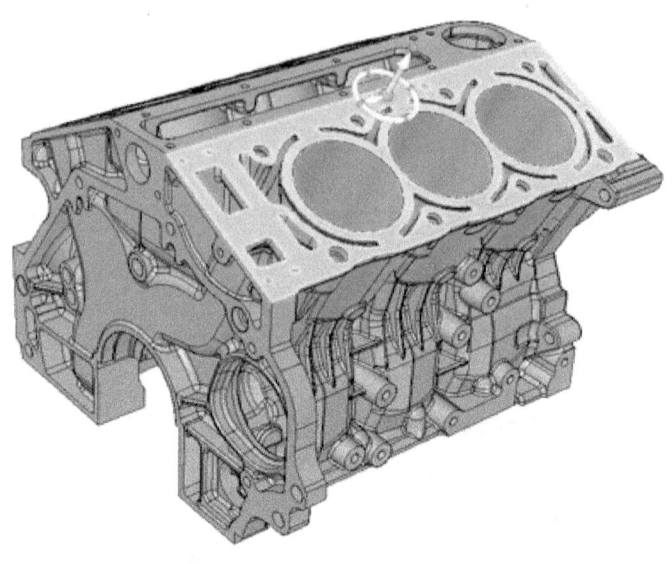

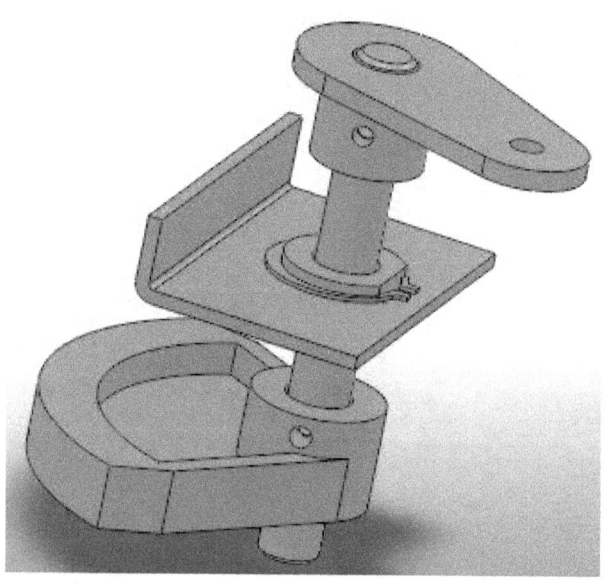

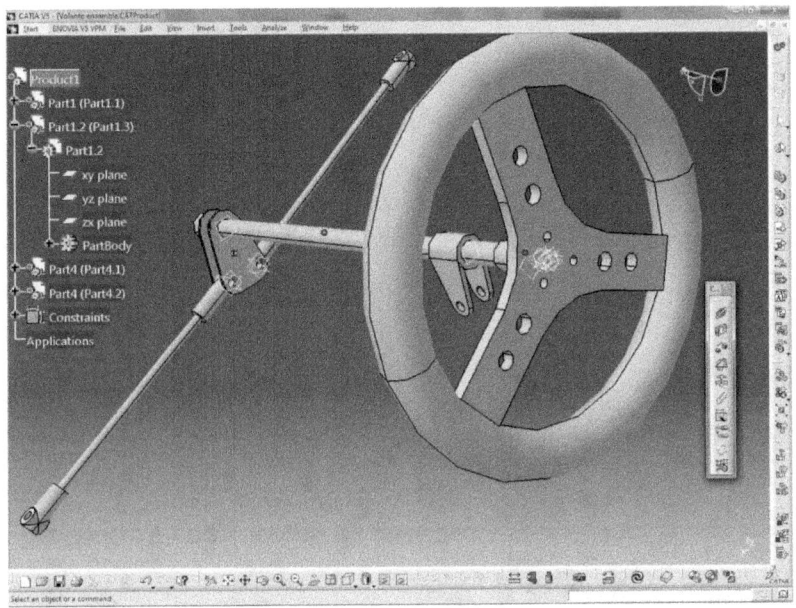

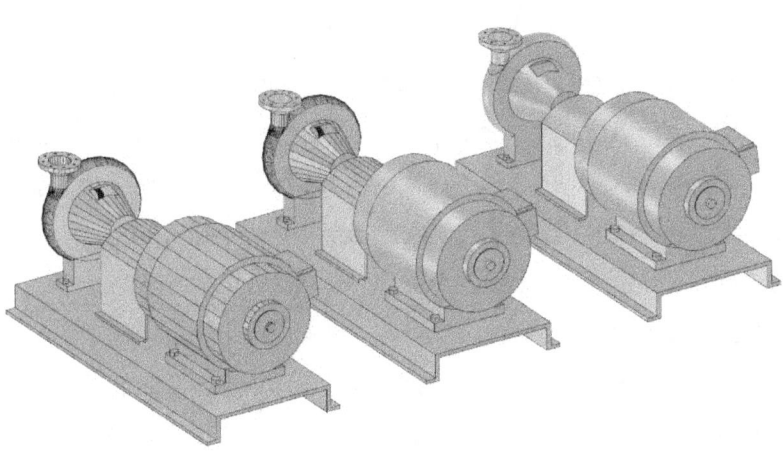

PLANOS INDUSTRIALES

Planos de instalaciones industriales y manufactura

Tuberías

Las tuberías constituyen un campo especializado de la ingeniería que se relaciona con el diseño de los sistemas de tuberías utilizados para transportar líquidos y gases en estructuras y plantas de procesos, tales como la refinería de petróleo. Los dibujos de tubería representan una planta de procesos mediante el uso de símbolos para sus componentes y de líneas simples o dobles para las tuberías. Los símbolos gráficos estándar son de uso común en la representación de los componentes de la tubería, ya que permiten ahorrar tiempo. Las tuberías para plantas de energía, refinerías de gas y petróleo, sistemas de transporte, plantas de refrigeración, plantas químicas y sistemas de gas y aire están controladas por el Código ANSI para tuberías de presión. Los dibujos de trabajo representan el conjunto completo de dibujos estandarizados que especifican la manufactura y el montaje de un producto con base en su diseño. Los dibujos de trabajo son las heliográficas utilizadas para la manufactura de productos. Por tanto, el conjunto de dibujos debe: describir las piezas de manera completa, tanto visual como dimensionalmente; mostrar las piezas en un montaje; identificar todas las piezas y especificar las piezas estándar. La información gráfica y textual requiere ser lo bastante completa y exacta para fabricar y montar el producto sin error. El presente trabajo está basado en la lectura e interpretación de planos de ingeniería de instalaciones industriales y manufactura. Se describirán ciertos aspectos básicos en torno a las tuberías, como los diferentes tipos existentes de acuerdo al material con que se fabrican, las conexiones y accesorios, y los dibujos de tuberías; serán señalados también los diferentes símbolos convencionales de tuberías. Por otra parte, se hará referencia a los dibujos de detalle y de ensamble. Para ello, se mostrarán diversos ejemplos y se explicará brevemente el procedimiento para la elaboración de cada uno.

Tipos de Tubería

Las tuberías están fabricadas de muchos materiales como acero, acero inoxidable, hierro fundido, arcilla vitrificada, cobre y plástico, entre otros. Por otra parte, las presiones y temperaturas de los materiales transportados por las tuberías pueden ser muy altas, de modo que, algunas tuberías se sueldan en sus uniones.

Tuberías de Acero Carbonado: Se usan por encima del nivel de tierra para muchas aplicaciones, además se fabrican con un proceso de forja y barrenado. La tubería de acero es fuerte, se puede soldar y es muy durable. Si la tubería va a usarse a temperaturas y presiones elevadas, o en ambientes corrosivos, entonces deben utilizarse aleaciones de acero (acero inoxidable).

Tuberías de Hierro Fundido: Son resistentes a la corrosión y se usan para gas, agua y desperdicios. Se emplean en aplicaciones subterráneas a causa de la larga vida del material. Han sustituido a las tuberías de plomo, sobre todo en instalaciones de agua caliente. Son bastante duras y, por lo tanto, difíciles de manipular. Se pueden cortar con sierras para metales.

La acumulación de herrumbre es un problema de las tuberías de hierro. Además, se trata de un material muy poco maleable.

Tubería de Cobre y Aleación de Cobre: Se usan en construcciones residenciales y líneas de instrumentos. Se emplean cuando existe la posibilidad de formación de escamas y óxido si se utilizaran tuberías de acero. Las tuberías de cobre no sufren un deterioro comparable con las de hierro, plomo o PVC. Resisten el calor, la presión y la oxidación.

Tubería de Plástico: Se emplea en construcciones residenciales para desperdicios y agua. Está hecha de cloruro de polivinilo (PVC). El PVC es muy resistente a productos corrosivos, disfruta de un índice de dilatación térmica razonable y los tramos de tubería se unen fácilmente con adhesivos especiales. Su uso se recomienda para tragantes (tuberías por donde se evacua el agua usada), bajantes (tubo principal de desagüe) o sifones ("obstáculos" de la tubería que permiten filtrar objetos que pueden dañar la tubería, e impiden el retorno de malos olores).

El uso de tuberías de PVC es limitado, ya que con altas temperaturas el material puede sufrir alteraciones. Las bajas temperaturas también le afectan negativamente, provocan gran rigidez en el plástico y elevan su sensibilidad a los golpes.

Conexiones de Tubería

Las tuberías se unen mediante soldadura, roscado, pegado o por el uso de bridas. El material de la tubería y su tamaño determinan el método de unión. Las tuberías que tienen extremos acampanados requieren de bridas de soporte para su conexión. Las tuberías de plástico se unen con pegamento y solvente.

Conexiones Soldadas: El soldado es la conexión más común utilizada en la industria. Los dos tipos más comunes de soldadura son las de tope y de boquilla. La primera se usa en tuberías con un diámetro igual o mayor que dos pulgadas, y la unión que se va a soldar será preparada con borde achaflanado para acomodar la soldadura. La segunda se emplea en tuberías con un diámetro igual o menor que dos pulgadas. Los dos tipos de soldadura generan una conexión a prueba de fugas.

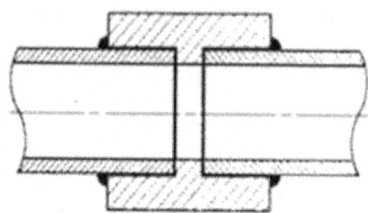

Conexión de Tubería con Soldadura de Boquilla

Conexiones Roscadas: Las roscas se usan para evitar fugas y unir tuberías en aplicaciones donde las temperaturas y presiones son bajas. Las tuberías con roscas se encuentran en general en las líneas de gas casero. Las conexiones con rosca se utilizan de manera usual en tuberías de acero y bronce con diámetros iguales o menores a 2 pulgadas.

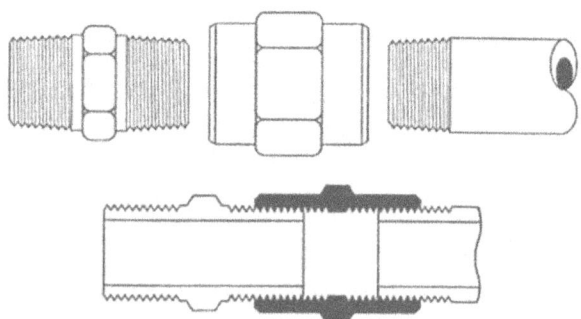

Screwed Fittings (Accesorios roscados)

<u>Conexiones con Bridas</u>: Las uniones con bridas son dispositivos utilizados para sujetar tuberías de acero, con un diámetro mayor al de la tubería y se mantiene unida entre sí con pernos. Se usa un empaque para sellar la unión al momento de apretar los pernos.

Detalle de la unión de Brida

Accesorios de Tuberías

Es el conjunto de piezas moldeadas o mecanizadas que, unidas a los tubos mediante un procedimiento determinado, forman las líneas estructurales de tuberías de una planta de proceso. Entre los tipos de accesorios más comunes se puede mencionar: Bridas, Codos, Tes, Reducciones, Cuellos o acoples, Válvulas, Empacaduras, Tornillos y Niples. Entre las características se encuentran: tipo, tamaño, aleación, resistencia, espesor y dimensión.

<u>Bridas</u>: Son accesorios para conectar tuberías con equipos (Bombas, intercambiadores de calor, calderas, tanques, etc.) o accesorios (codos, válvulas, etc.). La unión se hace por medio de dos bridas, en la cual una de ellas pertenece

a la tubería y la otra al equipo o accesorio a ser conectado. Existen varios tipos: Brida con cuello para soldar, Brida con boquilla para soldar, Brida deslizante, Brida roscada, Brida loca con tubo rebordeado, Brida ciega, Brida orificio, Brida de cuello largo para soldar, Brida embutible, Brida de reducción.

La ventaja de las uniones bridadas radica en el hecho de que por estar unidas por espárragos, permite el rápido montaje y desmontaje a objeto de realizar reparaciones o mantenimiento.

Discos Ciegos: Son accesorios que se utilizan en las juntas de tuberías entre bridas para bloquear fluidos en las líneas o equipos con un fin determinado. Los discos ciegos existen en diferentes formas y tamaños, los más comunes son: Un plato circular con lengua o mango, Figura en 8, Bridas terminales o sólidas.

Codos: Son accesorios de forma curva que se utilizan para cambiar la dirección del flujo de las líneas tantos grados como lo especifiquen los planos o dibujos de tuberías.

Los codos estándar son aquellos que vienen listos para la prefabricación de piezas de tuberías y que son fundidos en una sola pieza con características específicas y son: Codos estándar de 45°, Codos estándar de 90° y Codos estándar de 180°.

Tes: Son accesorios que se fabrican de diferentes tipos de materiales, aleaciones, diámetros y schedulle y se utiliza para efectuar fabricación en líneas de tubería. Entre los tipos de tes se citan: Diámetros iguales o te de recta, Reductora con dos orificios de igual diámetro y uno desigual.

Reducciones: Son accesorios de forma cónica, fabricadas de diversos materiales y aleaciones. Se utilizan para disminuir el volumen del fluido a través de las líneas de tuberías.

Válvula: Es un accesorio que se utiliza para regular y controlar el fluido de una tubería. Este proceso puede ser desde cero (válvula totalmente cerrada), hasta de flujo (válvula totalmente abierta), y pasa por todas las posiciones intermedias, entre estos dos extremos.

Las válvulas pueden ser de varios tipos según sea el diseño del cuerpo y el movimiento del obturador. Las válvulas de movimiento lineal en las que el obturador se mueve en la dirección de su propio eje se clasifican como: válvula de globo, en ángulo, de tres vías, válvula de jaula, en Y, de cuerpo partido, de Saunders, de compresión, de obturador excéntrico rotativo, de bola, de orificio ajustable, de obturador cilíndrico excéntrico, de mariposa, de bola, de flujo axial.

Empacadura: Es un accesorio utilizado para realizar sellados en juntas mecanizadas existentes en líneas de servicio o plantas en proceso. Entre los tipos de empacaduras se encuentran: Empacadura flexitálica, Anillos de acero, de asbesto, de cartón, de goma, completa, de metal, grafitadas.

<u>Tapones</u>: Son accesorios utilizados para bloquear o impedir el pase o salida de fluidos en un momento determinado. Mayormente son utilizados en líneas de diámetros menores. Según su forma de instalación pueden ser macho y hembra.

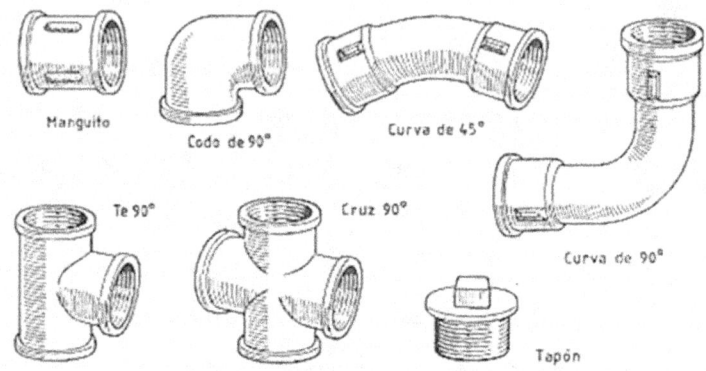

Accesorios roscados

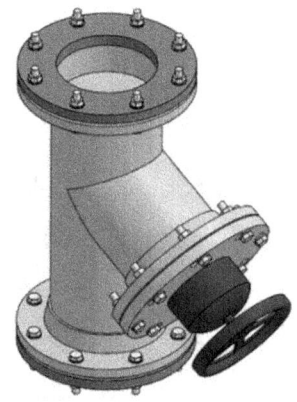

Accesorio con bridas

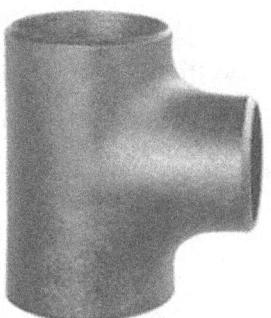

Accesorio soldado

Brida

Dibujos de Tubería

Los dibujos de tubería son representaciones en dos dimensiones de los sistemas de tubería en los cuales se utilizan símbolos gráficos para el diseño, construcción y mantenimiento de sistemas de proceso. En este tipo de dibujo de tuberías se representan tuberías en plantas ortográficas o vistas elevadas, vistas de sección y vistas ilustrativas, específicamente, en vistas isométricas. Por lo común, los dibujos de tubería emplean símbolos para representar tuberías, uniones, válvulas y otros componentes de la tubería.

Un dibujo en planta muestra la distribución de la tubería, de manera ortográfica, tal como es vista desde arriba, es decir, como una vista superior. La vista lateral se conoce como dibujo de elevación. La vista en planta o de elevación es el tipo más común de dibujo de tubería. En las tuberías se usan dos tipos de dibujos de elevación y de planta: de línea simple y de línea doble.

Dibujos de Línea Simple: Simplifican la creación de dibujos de tubería mediante la representación de las líneas de eje de las tuberías como líneas sólidas gruesas. Los símbolos utilizados para representar los diferentes componentes también se dibujan como líneas gruesas.

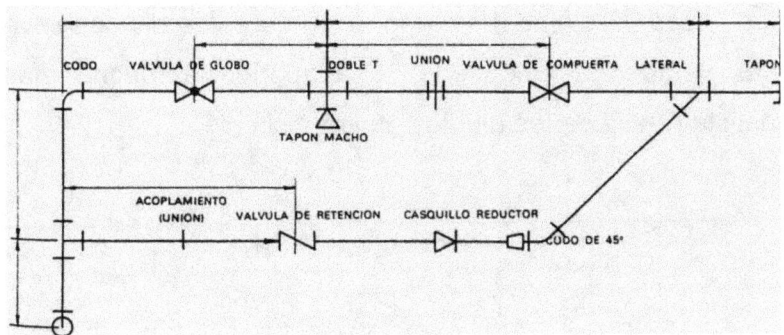

Dibujo de Línea Simple

La figura siguiente, representa una línea de aire comprimido con un codo roscado de 45°, conectada a una válvula de compuerta. La línea de aire se dibuja como una línea sólida, con la letra A cerca del eje, para indicar que la tubería transporta aire comprimido. Los codos roscados de 45° se muestran como líneas cortas perpendiculares a la línea de la tubería. El círculo y el triángulo que se intersectan en uno de los extremos es el símbolo gráfico utilizado para representar una válvula de compuerta en la vista de planta.

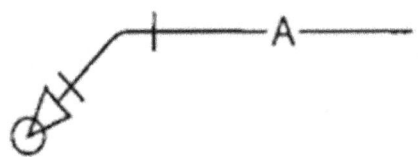

Dibujo de Planta Sencillo de Línea Simple

<u>Dibujos de Línea Doble</u>: Representan las tuberías como dos líneas paralelas. La elaboración de estos dibujos lleva más tiempo; aunque tienen una apariencia mucho más realista que la de los dibujos de línea simple.

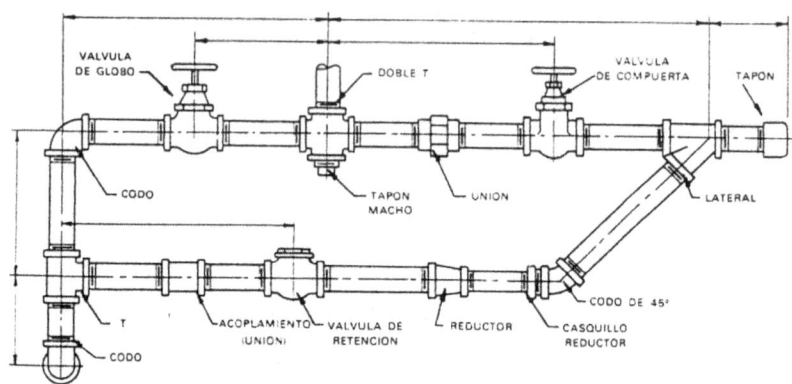

Dibujo de Línea Doble

Los dibujos de línea doble se usan para:

- Ilustraciones de sistemas de tubería.

- Dibujos de presentación.

- Visualizaciones.

- Verificaciones de juegos e interferencias en tuberías con diámetros grandes.

El dibujo de línea doble comienza con la distribución de la construcción y de los miembros estructurales, y después ubicando las coordenadas para el equipo más importante de la planta de distribución. A continuación el equipo grande, como tanques, filtros y otros, se añaden al dibujo.

Los distribuidores de equipos proporcionarán las dimensiones de este, las cuales se usarán para crear un dibujo a escala. Las líneas de eje de las tuberías se dibujan con líneas de construcción, o mediante el uso de construcciones por capas, si se emplea el CAD. Después se añaden los accesorios a los diámetros externos de las tuberías.

Dibujos Isométricos: Son representaciones ilustrativas de un sistema de tuberías que pueden ser de línea simple o doble, completas con tuberías, accesorios, válvula, equipos y dimensiones.

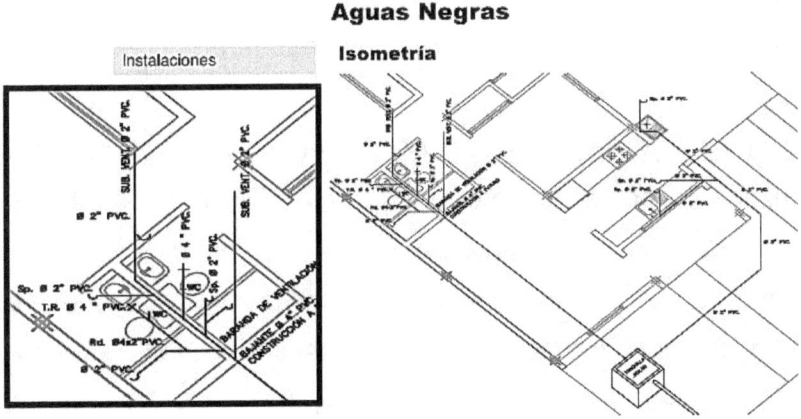

Dibujo Isométrico de Tuberías

Los dibujos isométricos son una ayuda de visualización del sistema de tubería. También pueden incluirse con ellos una lista de materiales. Cuando se emplean herramientas tradicionales, los dibujos isométricos se crean una vez terminadas las vistas en planta y elevación. Algunas veces, los dibujos isométricos de tuberías no se dibujan a escala si las dimensiones no son críticas. Algunos programas de CAD para tuberías permiten que el usuario cree el sistema de tuberías tridimensional, generando entonces, de manera automática, las vistas isométricas.

Dibujos de Ensamble Secundario: Son dibujos de tubería de submontaje que señalan las instrucciones de montaje y las especificaciones necesarias para construir partes pequeñas de un sistema de tubería. Los ajustadores y soldadores de tuberías trabajan a partir de este tipo de dibujo para crear los submontajes de tubería.

Dimensiones en Dibujos de Tuberías: Las reglas para dimensionar los dibujos de trabajo se aplican a los dibujos de tuberías. Los accesorios y los tubos siempre se localizan dando las distancias entre centros, porque las longitudes de los tubos por lo general se dejan al instalador de tuberías.

Se deben utilizar notas para especificar el tamaño nominal y el tipo de cada accesorio y el tamaño nominal del tubo en cada tramo. Además, se recomienda indicar, en una válvula de bridas, el diámetro del maneral y su distancia sobre el centro del accesorio en plena abertura.

Puede ser necesario dar las dimensiones globales de otros aparatos si el espacio máximo disponible es importante.

Símbolos Convencionales para Tuberías

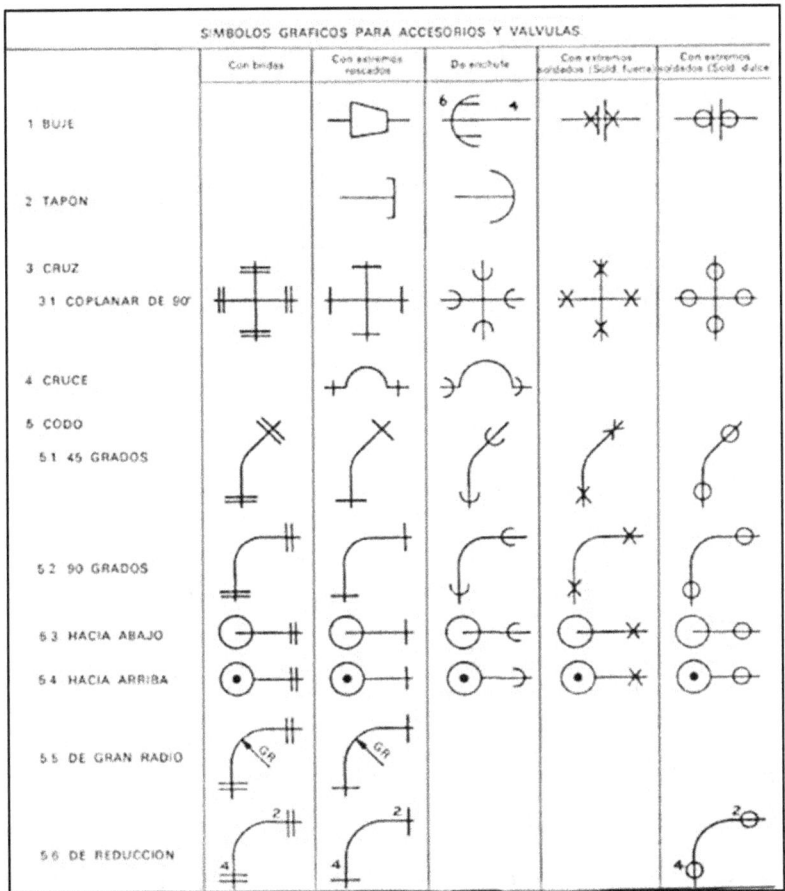

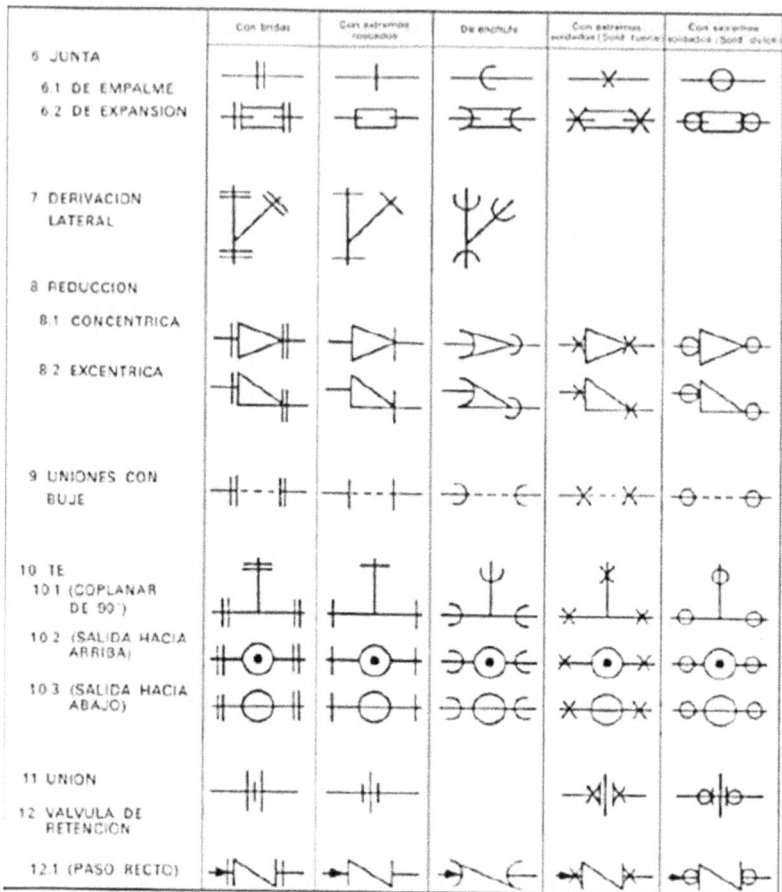

Dibujos de Ensamble y de Detalle

1. Dibujo de Detalle:

Puesto que un operario del taller de maquinado, por lo general, hará una sola parte a la vez, se recomienda detallar cada pieza, independientemente del tamaño, en hojas por separado. En algunos talleres se acostumbra que las partes relacionadas se agrupen en una misma hoja, sobre todo, cuando las partes forman una unidad por sí mismas.

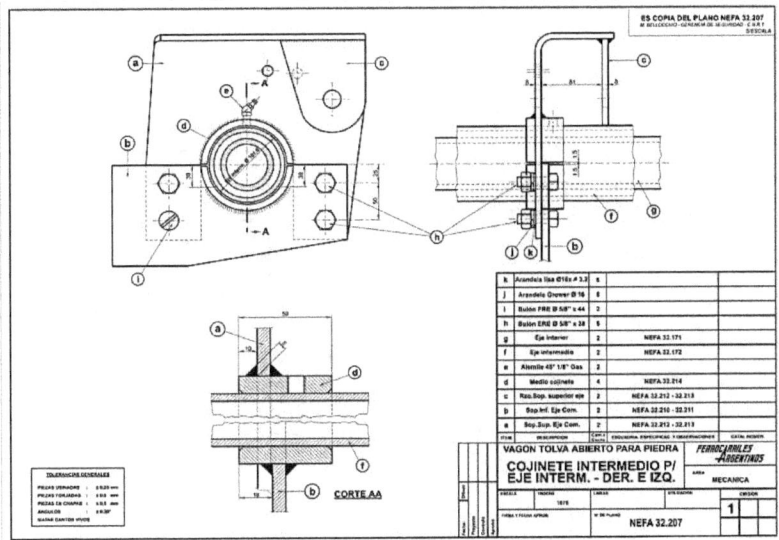

Dibujo de Detalle Nº 1

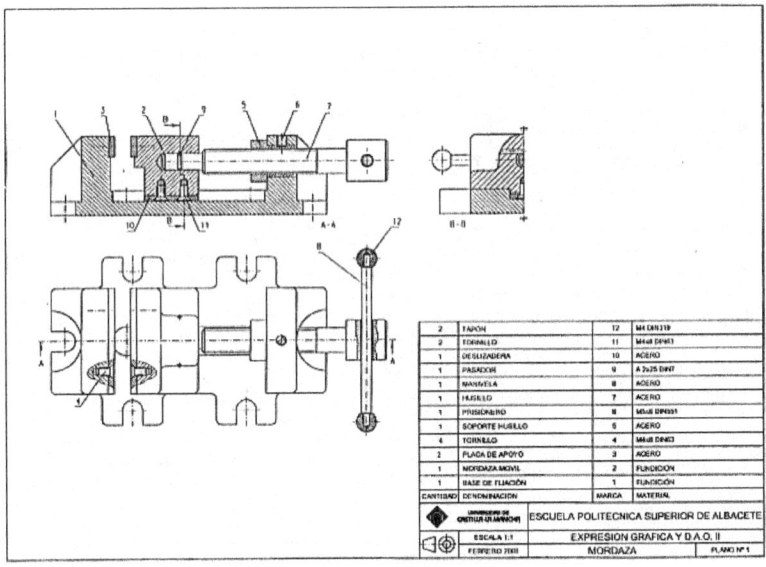

Dibujo de Detalle Nº 2

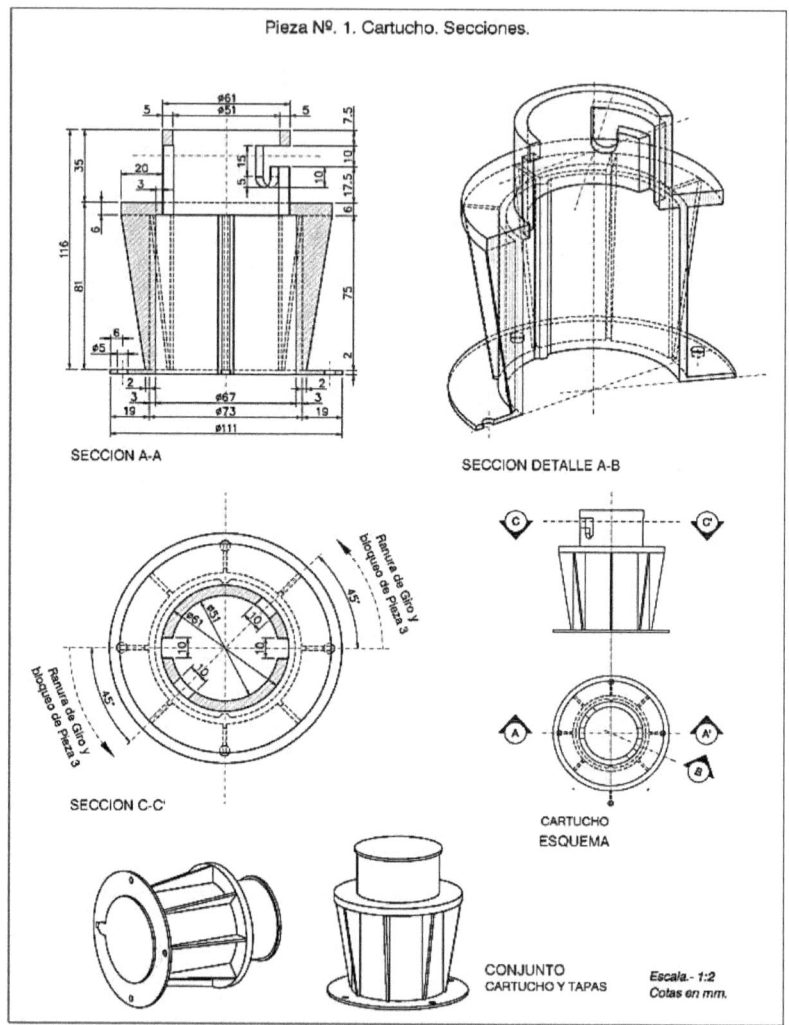

Pieza Nº. 1. Cartucho. Secciones.

SECCION A-A

SECCION DETALLE A-B

SECCION C-C'

CARTUCHO
ESQUEMA

CONJUNTO
CARTUCHO Y TAPAS

Escala.- 1:2
Cotas en mm.

Dibujo de Detalle Nº 3

Elaboración de un Dibujo de Detalle: Procedimiento.

a. Seleccionar las vistas recordando que, junto con la vista que muestra la forma característica del objeto, debe haber tantas vistas adicionales como sea necesario para completar la descripción de la forma. Estas pueden ser vistas auxiliares o vistas seccionales.

b. Decidir una escala que permita un arreglo balanceado en todas las vistas necesarias y localización de dimensiones y notas. Aunque las partes muy pequeñas deben dibujarse al doble de su tamaño o mayores, para que se aprecien los detalles y se puedan dimensionar, siempre que sea posible debe usarse una escala de tamaño completo (1:1). En general, para piezas de un mismo tamaño, debe usarse la misma escala.

c. Dibujar las líneas de centro principales y enmarcar el trazo general de las vistas con líneas de lápiz ligero 6H.

d. Dibujar los círculos y arcos principales con trazo final.

e. Comenzar con la vista característica y pasar de atrás para adelante y viceversa, de una a otra vistas hasta completar la forma del objeto. Las líneas, cuya localización y longitud son conocidas, se pueden dibujar con trazo final.

f.   Indicar los filetes y redondeos.

g.   Completar las vistas reforzando las líneas de objeto.

h.   Dibujar las líneas de prolongación y dimensión.

i.   Agregar puntas de flecha, dimensiones y notas.

j.   Completar el título.

k.   Verificar con todo cuidado el dibujo completo.

Dibujos de una Vista

Muchas partes, como flechas, pernos, tornillos y arandelas pueden requerir solo una vista acotada con propiedad. En ese caso, una nota puede implicar la forma completa de la pieza sin sacrificio de la claridad. La mayor parte de los departamentos de ingeniería consideran que es mejor presentar dos vistas.

Títulos de Detalles

Cada dibujo de detalle debe dar información que no aparezca en notas y dimensiones, como el nombre de la parte, el número de partes, el material, la cantidad requerida, entre otros. El método de registro y la localización de esa información en el dibujo varían en varios aspectos, se pueden escribir en el cuadro de datos o directamente bajo las vistas (Dibujos de Detalle Nº 1 y 2).

Bloques de Títulos y Cuadros de Registro

El fin de un cuadro de títulos o de registro consiste en presentar de modo ordenado el nombre de la máquina, el nombre del fabricante, la flecha, la escala, el número del dibujo y alguna otra información del salón de dibujo.

Cada salón de dibujo comercial ha desarrollado sus normas para la forma de los títulos, cuyas características dependen de los procesos de manufactura, las peculiaridades de la organización de la planta y las costumbres establecidas para los tipos de manufacturas.

Un cuadro de registro es una forma de títulos que se extiende casi a todo lo largo de la parte inferior de la hoja.

Contenido del Título

El título de un dibujo de máquina debe contener, por lo general, la siguiente información.

- Nombre de la parte.
- Nombre de la máquina o estructura.
- Nombre y domicilio de la empresa manufacturera.
- Nombre y domicilio de la empresa compradora, si la estructura se diseñó para una compañía en particular.
- Escala.

- Fecha.

- Iniciales o nombre del dibujante quien hizo el dibujo a lápiz.

- Iniciales del revisor.

- Iniciales o firma del dibujante en jefe, ingeniero en jefe u otra persona con autoridad para aprobar el dibujo.

- Iniciales del trazador (si el dibujo se trazó).

- Número del Dibujo. Esto sirve como un número de archivo y puede contener información en clave. Se pueden combinar letras y números, para indicar departamentos, plantas, modelos, tipos, números de orden, números de expedientes y demás.

Correcciones y Alteraciones

Las alteraciones en los dibujos de trabajo se hacen cancelando o borrando. Las cancelaciones se indican mediante líneas paralelas inclinadas dibujadas sobre las vistas, líneas, notas o dimensiones que se deseen cambiar. Las dimensiones sustitutas se deben colocar encima o cerca de la original.

Todos los cambios en un dibujo completo o aprobado deben anotarse en un registro de revisiones que puede localizarse adyacente al cuadro de títulos o en una esquina del dibujo.

Si los cambios se hacen mediante una borradura completa, deben hacerse copias del archivo antes de alterar el original, siempre que los cambios sean importantes.

Dibujos del Taller de Matrices

En ocasiones se requieren dibujos del taller de matrices especiales, con información necesaria para hacer una matriz de alguna pieza de fundición grande y complicada. Si el matricero recibe un dibujo que contenga dimensiones de acabado, podrá hacer el trazo de la matriz y proveer el metal adicional para el maquinado. Las tolerancias se incluyen en las dimensiones.

Dibujos del Taller de Forja

Si se va a maquinar una pieza forjada, se hacen dibujos separados para los talleres de forja y maquinado. Un dibujo de forja da todas las dimensiones requeridas por el taller de forja, para terminar la pieza forjada en bruto.

Dibujos del Taller de Maquinado

Las piezas fundidas y forjadas en bruto se envían al taller de maquinado para su acabado. Un operario del taller de maquinado no está interesado en las dimensiones y demás información de las etapas previas, un dibujo del taller de maquinado suele tener solo la información necesario para el maquinado.

Dibujos de Ensamble

Un dibujo que contiene las partes de una máquina o de una unidad de la máquina ensambladas en sus posiciones de trabajo relativas, es un dibujo de ensamble. De esos dibujos hay varios tipos: dibujos de ensamble de diseño, dibujos de ensamble de trabajo, dibujos de ensamble de unidad, diagramas de instalación, etc.

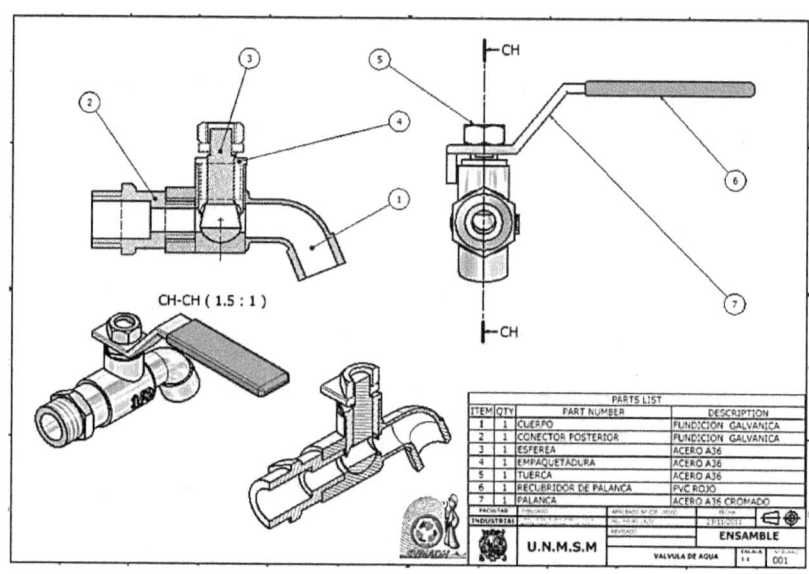

Dibujo de Ensamble

Dibujos de Ensamble de Trabajo

Es aquel donde aparece cada pieza de un mecanismo simple o una unidad de partes relacionadas, completamente acotadas. No se requieren dibujos de detalles adicionales.

Dibujos de Subemsambles (de Unidades):

Es el dibujo de ensamble de un grupo de partes relacionadas que constituyen una unidad dentro de una máquina más complicada. El dibujo puede ser de la contrapunta de un torno, el embrague de un automóvil, o tal vez el carburador de un aeroplano. Un juego de dibujos de ensamble toma lugar de un ensamble completo de una máquina compleja.

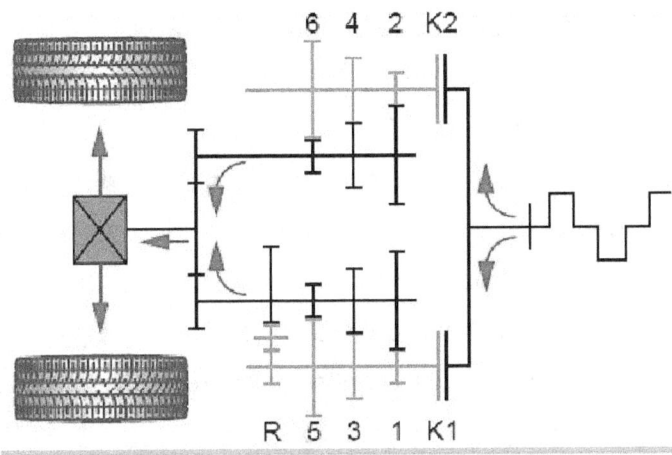

Esquema de transmisión del cambio DSG.

Lista de Material o Lista de Partes

Una lista de material o de materiales es una lista de partes que se pone en el dibujo de un ensamble justo sobre el cuadro de títulos o, en el caso de una producción por cantidades, en una hoja separada.

La lista contiene el número de parte, el nombre descriptivo, el material, la cantidad requerida y demás datos de cada pieza. En ocasiones se lista alguna información adicional.

Título

El cuadro de título de un dibujo de ensamble suele ser el mismo que se usa en un dibujo de detalle. Habrá que notar cuando se ponen letras en el cuadro que, por lo general, el título del dibujo está compuesto por el nombre de la máquina acompañado de la palabra ensamble.

Elaboración del Dibujo de un Ensamble

El ensamble final se puede trazar a partir del dibujo del ensamble de diseño, pero con más frecuencia se repite el dibujo a una escala menor en una hoja separada.

Dado que la repetición del dibujo, elaborado a partir de los dibujos de diseño y de detalle, a menudo da por resultado una revisión que revela errores; los ensambles deben dibujarse siempre antes de aceptar por terminados los detalles y de que se hagan las copias. La práctica de uso corriente para los ensambles, establece que:

(a) Las partes deben seccionarse usando los símbolos American Standard. Estas prácticas de seccionamiento se aplican a los ensambles.

(b) La vista principal debe representar de la mejor manera posible todas las partes individuales y sus localizaciones.

Se dan vistas adicionales solo cuando agregan información necesaria que puede comunicarse mediante el dibujo.

(c) Las líneas ocultas se deben omitir en un dibujo de ensamble, porque lo sobrecargan y crea confusión.

(d) Las dimensiones globales y las distancias entre centros que indican las relaciones de las partes en la máquina como un todo, se dan en algunas ocasiones. Las dimensiones de detalle se omiten, excepto en los dibujos de ensamble de trabajo.

(e) Las partes de una máquina o estructura se identifican en el dibujo de ensamble mediante números o letras que se usan en los detalles y en lista de materiales. Estos deben hacerse de cuando menos 5 mm (3/16 plg) de altura y ponerse dentro de un círculo de 10 mm (3/8 plg). Los centros de los círculos se localizan a no menos de 20 mm (3/4 plg) de la más próxima de las líneas del dibujo. Los señaladores, rematados por puntas de flecha que tocan las partes, se dibujan en sentido radial con regla. Con el fin de que los números queden centrados en los círculos, deben hacerse antes que los círculos y luego dibujar estos a su derredor.

Cabezal de extrusión con hilera para tubo

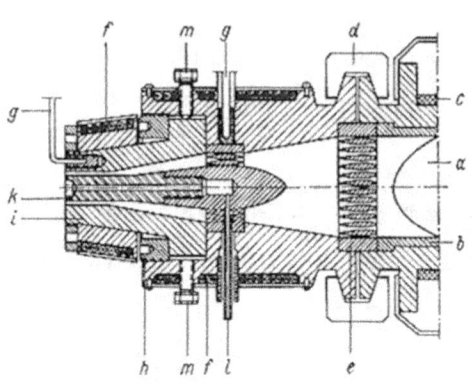

(a) cabeza del tornillo;
(b) recubrimiento de la cámara;
(c) calefacción del cilindro;
(d) unión con tllo. de la cabeza de la hilera;
(e) pantalla con taladros en forma de gota;
(f) calefacción eléctrica de la hilera;
(g) sondas de temperatura con contactos de cobre;
(h) acoplamiento del husillo de la hilera;
(i) anillo de la hilera:
(k) mandrín, zona salida:
(l) entrada de aire comprimido;
(m) tornillos de centraje.

Dibujo de Ensamble en el que se identifican las partes

Dibujos para Revisión

La revisión, que ofrece la última garantía de que la máquina está bien diseñada, debe hacerla una persona que no haya tenido que ver con la elaboración de los dibujos pero que estén profundamente familiarizados con los principios del diseño; debe tener un amplio conocimiento de las prácticas de taller y de los métodos de ensamble. El revisor debe:

- Inspeccionar la máquina desde el punto de vista de la operación, facilidad de ensamble y accesibilidad para el trabajo de reparaciones. Debe tomar en cuenta el tipo, la resistencia y adecuación de los materiales.

- Revisar cada parte con respecto a sus partes adyacentes, para asegurarse que se respetan los claros o juegos.

- Estudiar todos los dibujos para ver que cada pieza esté bien ilustrada y que se muestran todas las vistas necesarias, el tratamiento de las vistas y las escalas.

- Verificar las dimensiones con la escala; calcular y revisar las cotas de dimensión y localización que puedan afectar las partes que se ensamblan; determinar si las dimensiones son adecuadas desde el punto de vista de los diferentes departamentos y de sus necesidades; revisar el acotamiento apropiado en las vistas y señalar las dimensiones innecesarias, repetidas y omitidas.

- Revisar las tolerancias, asegurándose que los cálculos estén bien hechos y que sean usados los ajustes adecuados, de modo que no haya costos de producción innecesarias.

- Observar que se especifiquen con toda propiedad operaciones como el taladrado, el rimado, el barrenado, el machueleado y el rectificado.

- Verificar las especificaciones del material.

- Examinar la corrección y localización de las notas.

- Revisar que se hayan usado tamaños de partes de existencia estándar, como son los pernos, tornillos, cuñas y demás piezas semejantes.

- Agregar toda nota explicativa que pueda dar información necesaria.

- Verificar que en la relación de materiales cada parte esté especificada completa y correctamente.

- Examinar el cuadro de títulos.

- Hacer una revisión completa final del dibujo, para certificar que se ha verificado o corregido cada una de las notas, dimensiones y especificaciones.

Dibujos de Ensamble para Instalación

Un dibujo para instalación da información útil para armar una máquina o una estructura. En él pueden mostrarse los nombres de las partes, orden de las partes que se ensamblan, dimensiones de localización e instrucciones especiales para la operación.

Dibujos de Ensamble Esquemático

Estos dibujos se hacen con gran frecuencia como ilustraciones en catálogos.

En general, muestran tan solo las dimensiones globales y las principales. Se puede obtener una apariencia mejorada mediante el uso del sombreado.

Dibujos Explotados para Listas de Partes y Manuales de Instrucciones

Los dibujos explotados despiezados se usan con frecuencia en las secciones de listas de partes de catálogo de las compañías, así como en manuales de instrucciones. Los dibujos de este tipo los entienden con facilidad personas con poca experiencia en la lectura de dibujos de varias vistas.

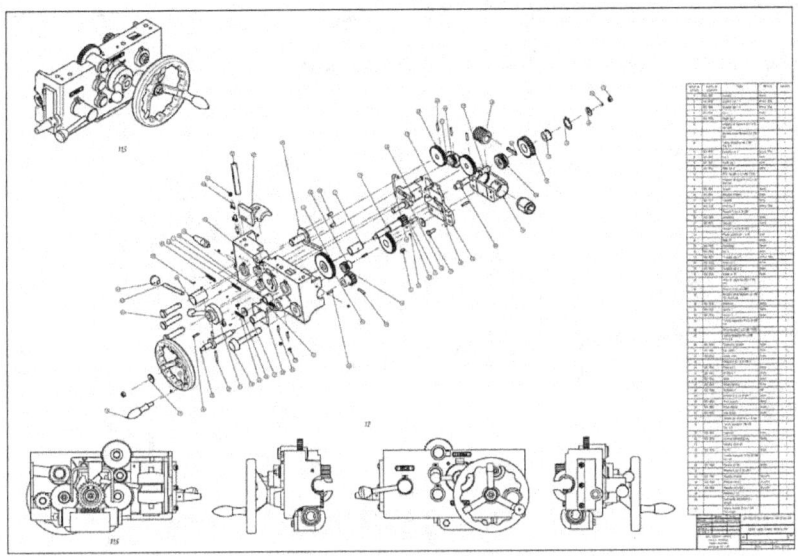

Dibujo Explotado de Ensamble

Dibujos de Ensamble en Diagrama

Los dibujos de diagramas se pueden agrupar en dos clases generales: (1) los compuestos por líneas sencillas y símbolos convencionales, como los diagramas de tuberías, los diagramas de alambrado y otros semejantes (Dibujo de Ensamble en Diagrama), y (2) aquellos diagramas dibujados en proyección regular, como son los dibujos para montaje. Los diagramas de tuberías dan el tamaño del tubo, la localización de los accesorios y otros datos pertinentes. Dibujar un ensamble de un sistema de tuberías en proyección ortogonal real no aporta información y solo resulta un trabajo innecesario. Una gran porción del dibujo eléctrico se compone de bosquejos diagramáticos donde se usan símbolos eléctricos convencionales (Dibujo Esquemático).

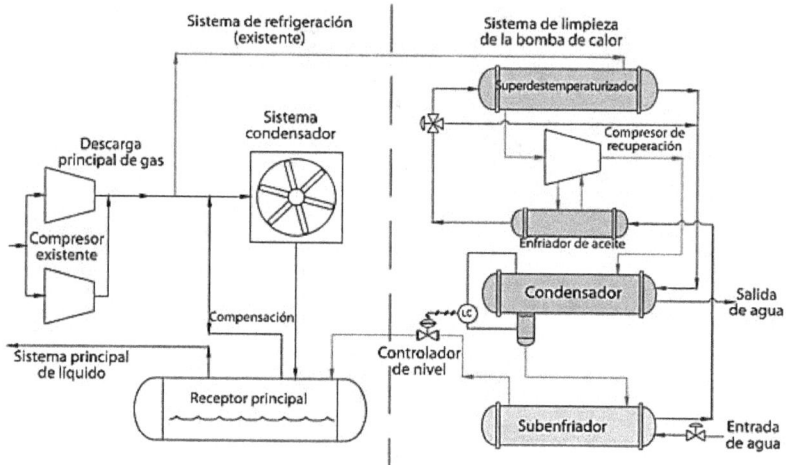

Dibujo de Ensamble en Diagrama

Dibujos de Ingeniería Química

En general, el ingeniero químico tiene que ver con los diagramas y el diseño de equipos de plantas. Debe tener buena información respecto a los tipos de maquinaria empleada en molienda, secado, mezclado, evaporación, sedimentación y destilación, y debe ser capaz de diseñar o seleccionar máquina transportadora.

Los dibujos esquemáticos de plantas, los cuales requieren para su desarrollo satisfactorio de abundantes croquis preliminares (esquemas, diagramas a escala, diagramas de flujo, etc.) muestran la localización de las máquinas, el equipo y demás. A menudo, si la maquinaria y los aparatos se usan en la manufactura de productos químicos y son de características especializadas, se busca a un ingeniero químico para que haga el diseño, incluso es posible que este tenga que construir aparatos experimentales.

Dibujos de Ingeniería Eléctrica

Estos dibujos son de dos tipos: dibujos de máquinas y diagramas de ensambles. Los dibujos de trabajo de maquinaria eléctrica involucran todos los principios y convenciones de los dibujos de trabajo del ingeniero mecánico.

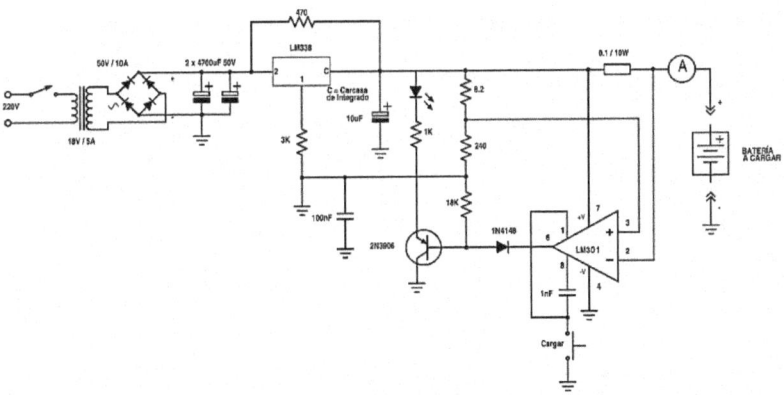

Dibujo Esquemático

Dibujos de Ingeniería Civil

El ingeniero civil tiene que ver con un amplio campo de la construcción y de la planeación municipal. Los dibujos elaborados para los ingenieros civiles pueden ser de la naturaleza de los mapas de ciudades, estados o de alcance nacional, para la planeación de valles, sistemas de agua, sistemas de drenaje, aeropuertos, carreteras, ferrocarriles, puertos y canales; o también pueden ser dibujos de diseño, fabricación y erección de estructuras de concreto y acero, como es el caso de los edificios y los puentes.

Conclusiones

1. En los dibujos de tuberías se especifican los tipos de ajuste y las posiciones de las tuberías y estos se usan en el diseño y la construcción de plantas químicas, patios de tanques y otras aplicaciones, por lo que se le considera un campo especializado en donde se utilizan símbolos gráficos y estándares con el fin de representar estructuras de procesos en las cuales se encuentran tuberías, tanques, calentadores, intercambiadores y otros componentes.

2. Las tuberías que sirven para transportar agua, aire, vapor y materia prima en plantas industriales son conocidas como tubería de proceso.

3. Los accesorios de tuberías son partes como los codos, las tes, las cruces, los coples, las bridas y otras semejantes que se usan para hacer curvas y conexiones. Corresponden a tres clases generales: roscados, soldados y con bridas.

4. Un dibujo de detalle debe dar información completa para la fabricación de una parte, con una descripción adecuada del tamaño de las partes. Se deben indicar las superficies acabadas, así como todas las operaciones de taller necesarias. El título debe decir el material del cual se va a hacer la parte y establecer el número de partes requerido para la producción de una unidad ensamblada a la que pertenece la parte como uno de sus miembros.

5. Un dibujo que contiene las partes de una máquina o de una unidad de la máquina ensambladas en sus posiciones de trabajo relativas, es un dibujo de ensamble.

Dibujo Arquitectónico
Introducción
En el campo de las actividades técnicas, para la representación de los objetos se utilizan varios métodos de proyección, todos los cuales tienen sus propias características, méritos y desventajas.
El dibujo técnico corriente consiste en una proyección ortogonal, en la cual se utilizan representaciones

relacionadas de una o varias vistas del objeto, cuidadosamente elegidas, con las cuales es posible definir completamente su forma y características.

No obstante, para la ejecución de estas representaciones bidimensionales es necesario el conocimiento del método de proyección, de modo tal que, cualquier observador sea capaz de deducir de las vistas la forma tridimensional del objeto. En los numerosos campos técnicos y sus etapas de desarrollo, a menudo es necesario proporcionar dibujos de fácil lectura. Estos dibujos denominados representaciones pictóricas, entregan una vista tridimensional de un objeto, tal como éste aparecería ante los ojos de un observador. Para leer estas representaciones no es necesaria una formación técnica profunda sobre la materia.

Las representaciones pictóricas pueden presentarse por sí solas o complementarse con dibujos ortogonales.

Existen diversos métodos de representación pictórica, pero sus especificaciones difieren considerablemente y a menudo se utilizan en forma contradictoria.

El constante aumento de la comunicación técnica a nivel mundial, como también la evolución de los métodos de diseño y dibujo asistidos por computador con sus diversos tipos de representaciones tridimensionales, derivan en la necesidad de una clarificación de estos problemas, mediante la formulación de normas técnicas sobre la materia.

Desarrollo

Dibujo Arquitectónico

El dibujo de arquitectura es un lenguaje gráfico construido por líneas y símbolos concebidos ten tal forma que no sea posible dar lugar a distintas interpretaciones. Un dibujo arquitectónico se hace con el fin de indicar cómo se deberá construir una vivienda a un edificio, y para demostrar cuál será su aspecto una vez terminado.

Plano de Obra

Los planos de obra contienen los datos referidos a la estructura y al edificio mismo. Estos datos constituyen las instrucciones que el proyectista da al constructor y deben trabajar libremente sin interrumpir la obra para formular consultas.

Los planos de obra incluyen comúnmente el dibujo de plantas techos, sótanos, fundación de las cuatro elevaciones, una o más secciones y la ubicación del edificio.

En todo plano de obra debe estar:

- Dimensiones de las partes visibles de la estructura y contornos de los objetos que se encuentran en planos situados debajo de aquél en que se ha efectuado el corte.
- Tipo y terminación de la construcción y descripción de los materiales a utilizarse.

- Indicación y dimensiones de los límites de todo equipo especial, así como también la ubicación de aberturas, escaleras, etc.

a) *Planos topográficos (T)*

Contemplan los planos de situación-ubicación.

b) *Planos estructurales (E)*

Contemplan los planos de fundaciones, de envigado y detalle de vigas.

c) *Planos Arquitectónicos (A)*

Contemplan los planos de planta de piso y de techo; de fachadas de corte y de perspectiva.

d) *Planos de Instalaciones Eléctricas (IE)*

Contempla los planos de acometidas eléctricas, red eléctrica en plantas y planos de tablero principal.

Planos topográficos (T)

El plano topográfico del terreno proporciona información sobre su relieve. En ocasiones aparece incluido en el propio plano de ubicación mediante dibujo con líneas finas de las correspondientes curvas de nivel.

Los planos topográficos contemplan planos de situación y ubicación. Las escalas utilizadas dependerán del tamaño de la construcción y del terreno asó como el entorno urbanístico; las más usuales son 1:500, 1:750 y 1:1000.

Planos Arquitectónicos (A)

Son aquellos que permiten visualizar cómo va a ser por dentro y por fuera la vivienda o edificio. Los arquitectónicos son: Planos de planta de piso y de techo, Planos de Fachadas, Planos de Corte y Perspectiva.

a) *Planos de planta*

Es la sección donde se representan muros, puertas, ventanas etc., a una altura tal que permita establecer las numerosas particularidades que se refieren a su construcción.

Los planos de planta de piso se realizan como que si la vivienda o edificio hubiera sido cortado por un plano horizontal. Al eliminar la parte superior queda visible todo lo que fue cortado y lo que está por debajo de ese corte.

Techos

De acuerdo con su forma, los techos pueden ser:

a) *Con un solo declive.*

Vista lateral

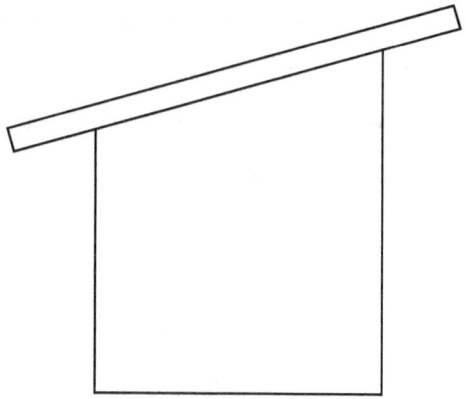

Elevación

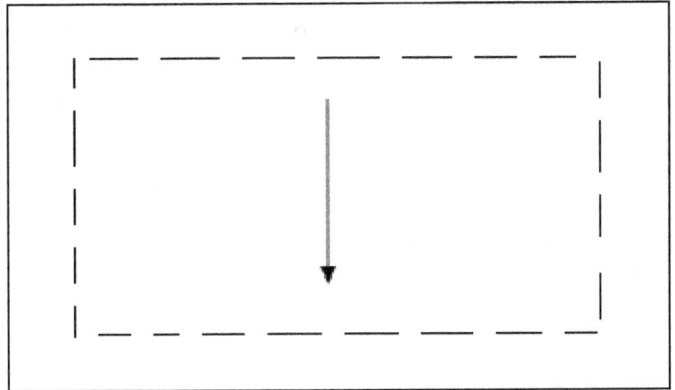

Planta de Techo

b) *Con dos declives*

Vista Lateral

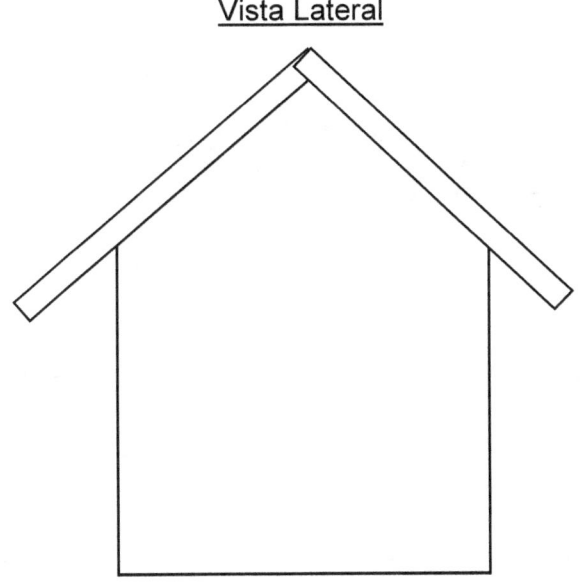

Elevación

Planta de Techo

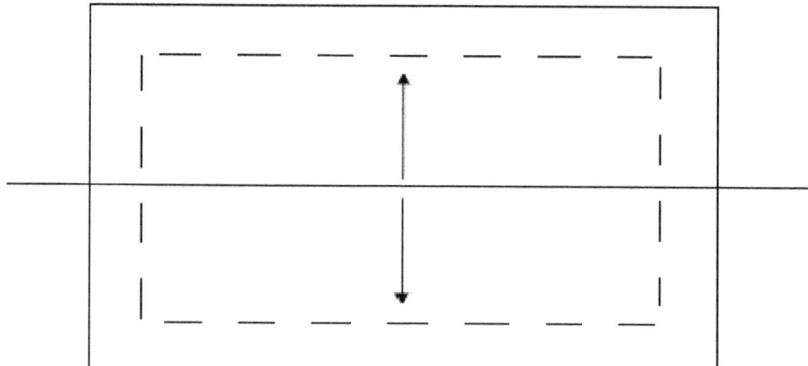

c) *Cuatro declives*

Vista Lateral

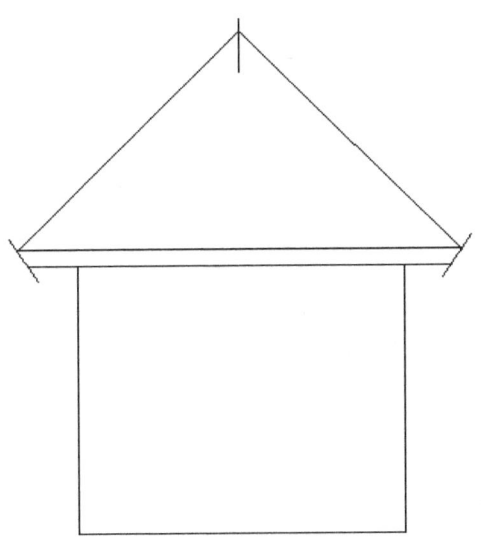

Elevación

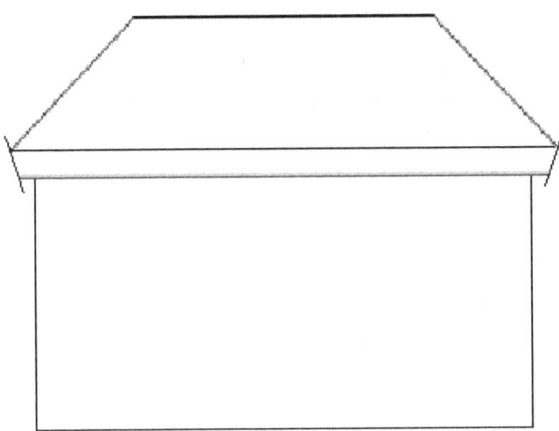

Planta de techo

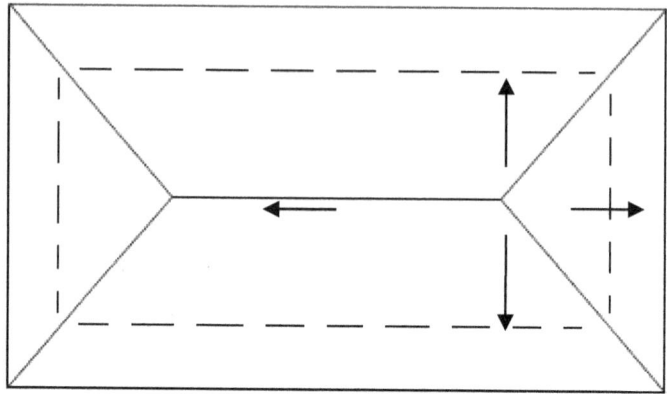

d) Horizontal

Vista Lateral

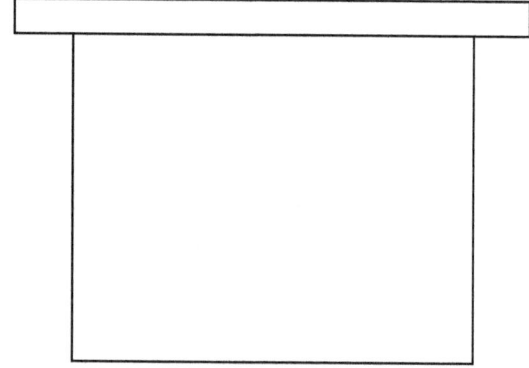

Elevación

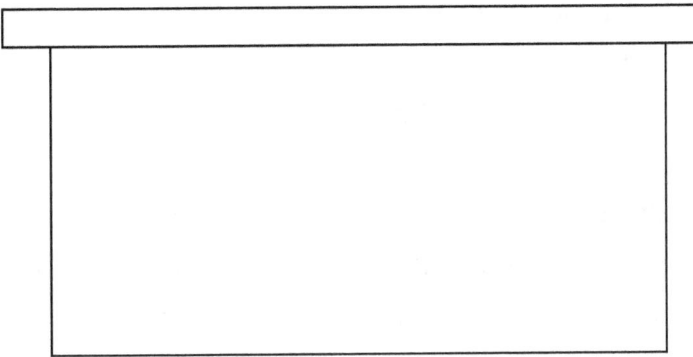

Planta de techo

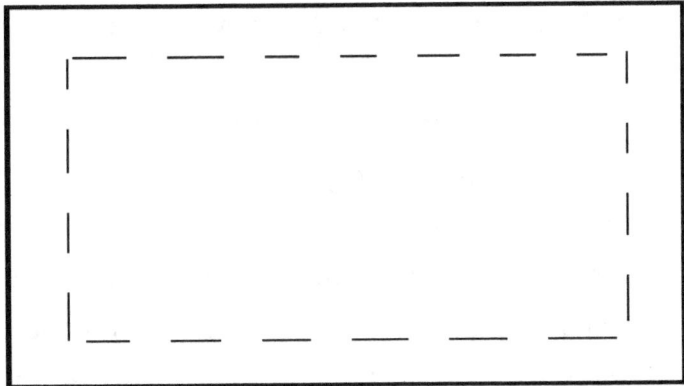

Fachadas

Son las tres vistas de una vivienda:

- Anterior (frontal o principal)
- Posterior (de atrás)
- Laterales (derecha o izquierda)

También reciben el nombre de alzadas o elevaciones y su finalidad primordial es la de proporcionarnos las alturas de puertas ventanas pisos y techos.

a) *Planos de Elevación*

Son las proyecciones verticales sobre planos paralelos a las fachadas o frentes. Para demostrar en forma total las fachadas de una vivienda o edificio se requieren cuatro elevaciones.

b) *Planos de corte de secciones*

Una sección es el plano que representa la proyección de un edificio cortado en sentido vertical, o lo que es igual un corte perpendicular al plano de planta. Tiene por objeto mostrar aquellos aspectos que no quedan suficientemente explicados o comprendidos a través de las fachadas y las plantas. Estos planos se realizan generalmente escala de 1:50.

No siempre es suficiente una sección para demostrar toda la construcción interior se necesita al menos dos secciones; una en sentido longitudinal (a lo largo) y otra en sentido transversal (a lo ancho).

Perspectiva

Los planos en perspectiva dan una impresión de la vivienda terminada con una sanción de tercera dimensión. Se les utiliza para demostrar la apariencia de futuras construcciones y se les emplea con la finalidad de obtener efectos de promoción y venta.

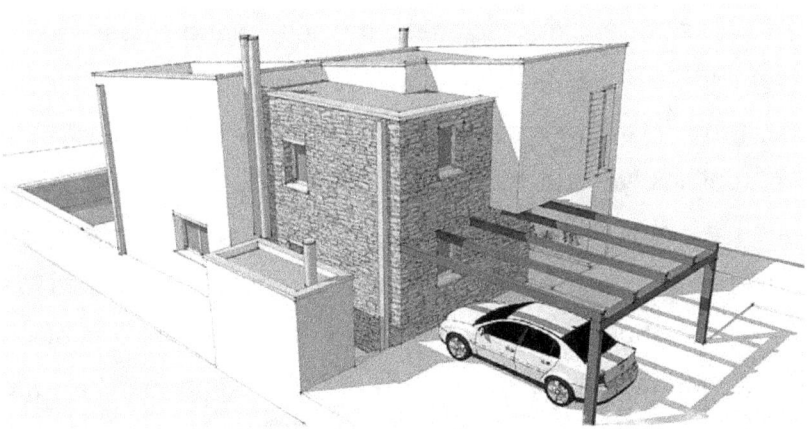

Vivienda en perspectiva

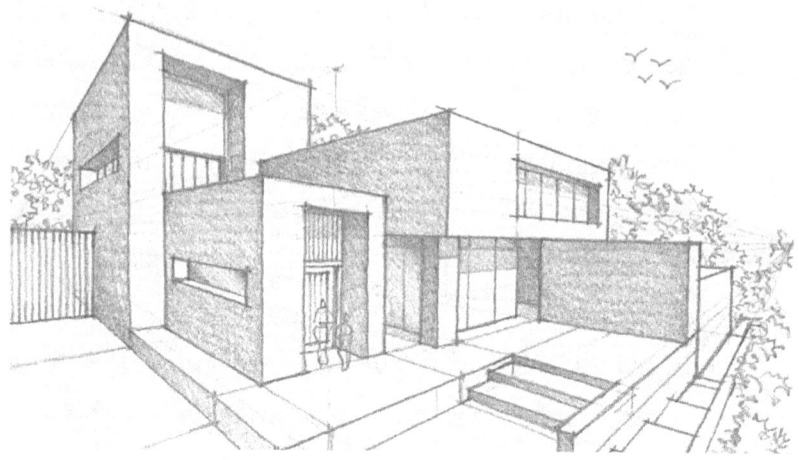

Vivienda en perspectiva

Conclusión

A través del presente informe hemos podido conocer algunas otras aplicaciones de los planos, así como también sus clasificaciones según la utilización final que va a tener. Creemos que es muy valiosa la información recopilada ya que en el campo del Dibujo Arquitectónico, nos es muy útil el conocimiento más profundo de estos diferentes tipos de dibujos, los cuales son capaces de simplificarnos en un momento dado el desarme, reparación y posterior armado de una maquinaria. Cabe señalar que cada tipo de plano tiene una aplicación particular y por lo tanto su realización debe estar adecuada al tipo de trabajo que se llevará a cabo con el mismo.

AUTOCAD

Se puede dejar muy en claro que las características de los sistemas CAD son aprovechadas por los diseñadores, ingenieros y fabricantes para adaptarlas a las necesidades específicas de sus situaciones, esto con el fin de hacer mucho más real la producción de dicho proyecto, La futura evolución del CAD incluirá la integración aún mayor de sistemas de realidad virtual, que permitirá a los diseñadores interactuar con los prototipos virtuales de los productos mediante la computadora, en lugar de tener que construir costosos modelos o simuladores para comprobar su viabilidad. También el área de prototipos rápidos es una evolución de las técnicas de CAD, en la que las imágenes informatizadas tridimensionales se convierten en modelos reales empleando equipos de fabricación especializada, como por ejemplo un sistema de estereolitografía.

Breve historia del AutoCAD

La historia de Auto CAD es una larga sucesión de nuevas utilidades y características del programa. Esta es la historia de una serie de conjeturas acerca de causas y consecuencias de cada una de sus 17 ediciones. Si bien Auto CAD fue uno de los primeros, a mediados de la década del 80 muchas otras empresas también desarrollaron sus propios sistemas CAD. En general, las otras implementaron desde un principio el uso de todo tipo de trabas electrónicas y/o digitales a la reproducción, instalación y uso de sus sistemas. La evolución y desarrollo de las aplicaciones CAD han estado íntimamente relacionados con los avances del sector informático. Hay que destacar, el gran interés estratégico que desde el principio ha tenido el CAD para las empresas, por el impacto enorme en la productividad. Las grandes empresas desde el principio han apostado por el CAD y ello supone importantes inversiones, que lógicamente potencian y convierten el CAD en un producto estratégico con un gran mercado.

La cronología del CAD, se puede resumir en los siguientes datos:

- Versión 1.0 (Release 1), noviembre de 1982.
- Versión 1.2 (Release 2), abril de 1983.
- Versión 1.3 (Release 3), septiembre de(1983)
- Versión 1.4 (Release 4), dos meses después
- Versión 2.0 (Release 5), octubre de 1984.
- Versión 2.1 (Release 6), mayo de 1985.
- Versión 2.5 (Release 7), junio de 1986.
- Versión 2.6 (Release 8), abril de 1987.
- Versión 9, septiembre de 1987, el primer paso hacia Windows.
- Versión 10, octubre de 1988, el último AutoCAD conmensurable
- Versión 11, 1990

- Versión 12, junio de 1992.

- Versión 13, noviembre de 1994, casi para Windows

- Versión 14, febrero de 1997, adiós al DOS.

- Versión 2000, año 1999.

- Versión 2000i, año 1999.

- Versión 2002, año 2001.

- Versión 2004, año 2003.

- Versión 2005, año 2004.

- Versión 2006, año 2005.

- Versión 2007, año 2006.

- Versión 2008, marzo de 2007.

- Versión 2009, febrero de 2008.

- Versión 2010, marzo de 2009.

- Versión 2015. Marzo de 2014

Componentes del CAD

Es un programa de diseño asistido por ordenador (CAD "Computer Aided Design"; en inglés, Diseño asistido por computador) para dibujo en 2D y 3D. Actualmente es desarrollado y comercializado por la empresa Autodesk.

Los componentes del AutoCAD están constituidos por:

- *La ventana gráfica*: Ocupa la mayor parte de la pantalla y es donde se muestran y crean los dibujos. Esto quiere decir que es el lugar donde se representarán los elementos del dibujo de trabajo que se esté realizando.

- *Barra de menús:* Situada en la parte superior, permite el acceso a una serie de menús desplegables que contiene las órdenes y procedimientos de uso más frecuente en Auto CAD.

- *Barra de herramientas estándar:* Incluye una serie de iconos que representan de forma gráfica e intuitiva las órdenes que se ejecutarán si se pulsa sobre ellos: zoom, ayuda, recorta, etc. Estas barras se pueden personalizar, de forma que se incluya en ellas las órdenes que más utilizamos. Son de gran ayuda, y se integran en el editor de dibujo o pueden quedarse flotando.

- *Barra de propiedades*: Su función es la de controlar y establecer las propiedades por defecto de las entidades, como son capa, color, dibujo, modificador, anotación, bloques, propiedades utilidades y tipo de línea.

- *Barra de herramientas flotantes:* Son barras de herramientas que pueden situarse en cualquier parte de la pantalla, y que incluyen las órdenes más utilizadas. Estas barras pueden ser personalizadas adaptándolas a nuestra forma habitual de trabajar en AutoCAD.

- *Línea de comando:* es la ventana de la línea de comandos, la cual nos permite interactuar con el programa, todas las solicitudes de los comandos se gestionan a través de esta ventana.

- *Barra de estado*: esta barra contiene una gran cantidad de herramientas para el control preciso del dibujo.

- *Icono UCS:* icono de coordenadas del usuario (UCSICON), El Icono del Sistema de Coordenadas del Usuario se encuentra situado en la esquina inferior izquierda del área gráfica, su estilo puede ser bidimensional o tridimensional, en nuestro curso podemos usarlo de las dos formas. El UCSICON está ubicado en el Origen del Sistema de Coordenadas Rectangular.

- *Cursor:* según donde situemos el cursor del ratón, éste adopta diferentes formas. Dentro de la zona de dibujo adopta la forma de una cruz. Si lo situamos sobre las barras de herramientas, adopta la forma de una flecha.

Aplicaciones del CAD

El AutoCAD es simplemente un software de diseño por computadora, con capacidad para 2d y 3d, Depende de la rama de aplicación, se puede decir que en cualquier rama donde se utilice dibujo técnico el AutoCAD podrá ser aplicado. Por ejemplo: en la Ingeniería civil, en el área de construcción de vías, caminos, levantamientos topográficos, diseño mecánico, diseño gráfico, planos arquitectónicos, planos eléctricos y electrónicos, moldeos, organigramas, litografías, esquemas, ilustraciones didácticas, animaciones, presentaciones realistas, diseño paramétrica, diagramas de explosión (catálogos de partes), en la parte de telecomunicaciones como en diseños de redes y canales fibras ópticas, entre otros.

Características, semejanzas y diferencias con otros sistemas de dibujo asistido por computadora

Características del AutoCAD
El diseño asistido por computadora (o computador u ordenador), abreviado como DAO (diseño asistido por ordenador) pero más conocido por sus siglas inglesas CAD (Computer Aided Design), es el uso de un amplio rango de herramienta computacional que asisten a ingenieros, arquitectos y otros profesionales del diseño en sus respectivas actividades. Estas herramientas se pueden dividir básicamente en programas de dibujo en dos dimensiones (2D) y modeladores en tres dimensiones (3D). Las herramientas de dibujo en 2D se basan en entidades geométricas vectoriales como puntos, líneas, arcos y polígonos con las que se pueden operar a través

de una interfaz gráfica. Los modeladores en 3D añaden superficies y sólidos.

Semejanzas y Diferencias

En semejanza con el AutoCAD tenemos al programa CorelDraw, el cual también es una herramienta que asiste a diversos profesionales en el área que tiene que ver con el dibujo, pero el CorelDraw se caracteriza por ser un programa de dibujo vectorial que facilita la creación de ilustraciones profesionales: desde simples logotipos a complejos diagramas técnicos. También tenemos otra herramienta en semejanza con el AutoCAD el cual se llama Illustrator, desarrollado por Adobe, con la que como herramienta se puede crear y trabajar con dibujos basados en gráficos vectoriales, siendo de gran utilidad para el profesional ligado a las áreas de dibujo. En cambio en caso del programa Power Point, nos permite crear nuestros propios dibujos, partiendo de líneas o trazos de figuras básicas o formas predefinidas. Y existe otro programa, este se llama Photo Draw, el cual está perfectamente dotado para trabajar con imágenes fotográficas, pero se puede conseguir también muy buenos resultados trabajando con dibujos y textos. En esto saca ventaja a otros programas menos preparados para trabajar con imágenes vectoriales.

Conceptos

Concepto de dibujo como archivo gráfico:

Al realizar un trabajo en cualquier aplicación debemos guardarlo como un archivo, para luego poder abrirlo y modificarlo cuando queramos. En AutoCAD sucede lo mismo. De tal manera, que cualquier dibujo que se realiza, al ser guardado en la computadora debe guardarse en forma de archivo. Para ello debe tener una extensión para identificar qué tipo de archivo es. A continuación se encuentran los tipos de archivos:

- **DWG:** se originó de la palabra inglesa "drawing" que significa dibujar. Es el predeterminado y de trabajo de AutoCAD.

- **BAK:** Este es el formato de archivo de respaldo para AutoCAD. Siempre que uno guarde un dibujo, AutoCAD crea automáticamente un duplicado que sirve como archivo de respaldo. Este archivo tiene la misma información que el original, pero una extensión diferente. Si su archivo original resulta dañado o inutilizable por alguna razón, se puede cambiar la extensión del archivo BAK por DWG y abrirlo tal como haría con cualquier otro archivo de dibujo.

- **DWF:** (Drawing Web Format): (Dibujo en Formato Web). Para visualizar dibujos en Internet, ocupan poco espacio. Necesita un programa especial que se instala en nuestro navegador de Internet.

- **DXF:** (acrónimo del inglés: Drawing Exchange Format) es un formato de archivo informático para dibujos de CAD, creado fundamentalmente para posibilitar la interoperabilidad entre los archivos .DWG, usados por el programa AutoCAD, y el resto de programas del mercado. Utilizado para intercambio entre programas, ya que es un formato universal. Esto quiere decir que este tipo de archivos puede ser abierto en cualquier aplicación de trabajo con dibujos.

Celda o bloques

Son grupos de entidades, se suelen usar cuando necesitas repetir un grupo de entidades en el mismo dibujo o para pegarlos cuando su uso es común en muchos dibujos. Por ejemplo una bañera que se usa en muchos dibujos de arquitectura es razonable tenerla guardada en un bloque y así poderla pegar en cualquier dibujo sin tener que dibujarla una y otra vez. Las entidades que pertenecen a un bloque pueden estar en distintas capas del dibujo pero esto no es recomendable lo mejor es siempre formar bloques en la capa 0 y después poner cada inserción del bloque en la capa que deseemos. Los bloques también tienen sus atributos propios y además al insertarlos se puede elegir el punto de inserción, el factor de escala, el ángulo de rotación y la capa en la que insertarlo. Una entidad que es parte de un bloque puede tener sus propios atributos, heredar los atributos de la capa donde se coloca (por capa), o heredar los del bloque de la que forma parte (por bloque). Otra propiedad interesante de los bloques es que después de ser insertados siguen dependiendo del bloque de origen y si modificamos el bloque se actualizarán todos los bloques insertados de ese tipo en el dibujo. Un bloque es un grupo de objetos, los bloques pueden ser insertados en un mismo dibujo más de una vez con diferentes atributos y en diferentes posiciones, diferente escala y ángulo de rotación.

Objetos o entidad

Los sistemas CAD disponen de una serie de objetos o entidades geométricas comunes como líneas, arcos circulares, arcos elípticos, así como otros objetos más complejos y específicos de CAD como polilíneas, textos, cotas, rellenos y splines. Cada uno de estos objetos tiene ciertas propiedades asociadas que lo definen como son, por ejemplo, color, tipo de línea y grosor de línea.

AutoCAD gestiona una base de datos de entidades geométricas (puntos, líneas, arcos, etc.) con la que se puede operar a través de una pantalla gráfica en la que se muestran éstas, el llamado editor de dibujo. La interacción del usuario se realiza a través de comandos, de edición o dibujo, desde la línea de órdenes, a la que el programa está fundamentalmente orientado. Las versiones modernas del programa permiten la introducción de éstas mediante una interfaz gráfica de usuario.

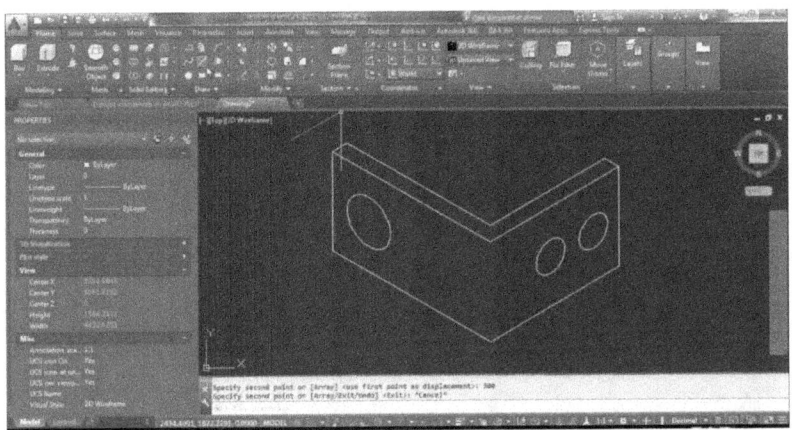

Ventana gráfica

Como todos los programas de diseño asistido por computadora, procesa imágenes de tipo vectorial[1], aunque admite incorporar archivos de tipo fotográfico o mapa de bits, donde se dibujan figuras básicas o primitivas (líneas, arcos, rectángulos, textos, etc.), y mediante herramientas de edición se crean gráficos más complejos.

Parte del programa AutoCAD está orientado a la producción de planos, empleando para ello los recursos tradicionales de grafismo en el dibujo, como color, grosor de líneas y texturas tramadas. AutoCAD, a partir de la

---

[1] *Vector, en matemáticas, cantidad que tiene magnitud, dirección y sentido al mismo tiempo. Por ejemplo, si una cantidad ordinaria, o escalar, puede ser una distancia de 6 km, una cantidad vectorial sería decir 6 km norte.*

versión 11, utiliza el concepto de espacio modelo y espacio papel para separar las fases de diseño y dibujo en 2D y 3D, de las específicas para obtener planos trazados en papel a su correspondiente escala.

Las aplicaciones del programa son múltiples, desde proyectos y presentaciones de ingeniería, hasta diseño de planos o maquetas de arquitectura.

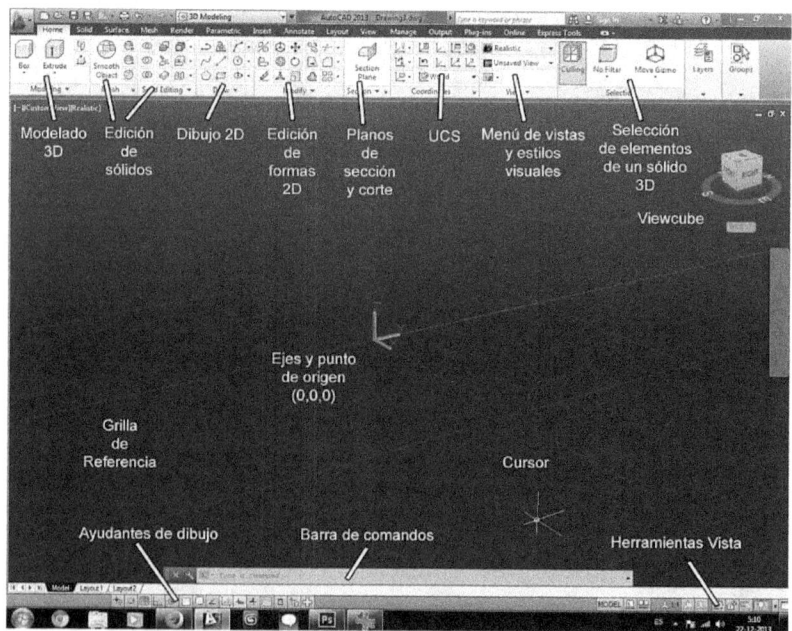

Partes de la ventana gráfica

Partes

Barra de herramientas

Podemos encontrar las opciones de dibujo 2D en la barra de herramientas Dibujo o en el menú Dibujo. A modo de resumen presentamos las opciones de dibujo en dos dimensiones más utilizadas:

1. Punto: Dibuja un punto indicándole el lugar por referencia o directamente con el cursor.

2. Estilo de punto: Aparece una ventana donde podemos seleccionar el tipo de punto.

3. Línea: Para dibujar líneas rectas. Los extremos se pueden dar tanto en coordenadas 2D,

4. 3D o por referencias. Puedes dibujar una línea tras otra hasta que acabes mediante la tecla 'Enter'

5. Línea auxiliar: Crea una línea infinita usada normalmente como auxiliar.

6. Circulo: Se pueden definir mediante
   - Centro y radio

- Centro y diámetro
- 2 puntos (2p)
- 3 puntos (3p)
- Tangente, tangente, radio (ttr)
- Tangente, tangente, tangente

7. Arco: Se puede definir mediante:
   - 3 puntos
   - Inicio, centro, fin
   - Inicio, centro, ángulo
   - Inicio, centro longitud de la cuerda
   - Inicio, final, radio
   - Inicio, final, ángulo incluido
   - Inicio, final, dirección inicial
   - Centro, inicio, final
   - Centro, inicio, ángulo incluido
   - Centro, inicio, longitud de la cuerda.

8. Polígono: Se introduce el número de lados, y se puede definir mediante los dos vértices de un lado o por el centro y el círculo que lo inscribe o circunscribe. Por defecto introduciremos el centro del círculo. Luego tendremos que decir a AutoCAD si el polígono está inscrito (i) o circunscrito (c) en ese círculo.

9. Rectángulo: Genera un rectángulo o cuadrado indicando los dos extremos. Podemos definirle el chaflán, empalme, etc.

10. Línea múltiple: Permite dibujar líneas paralelas entre sí separadas una cierta distancia. Muy útil, por ejemplo, para dibujar paredes en planos de planta.

11. Editar línea múltiple: Podemos modificar esta línea múltiple mediante la opción editarlm o por el menú modificar-> objeto -> línea múltiple.

12. Poli-línea (2d): Una polilínea es una secuencia de segmentos de líneas o/y de arcos considerada como un único objeto.

13. Edición de polilíneas: Para modificar las características de una polilínea.

Órdenes de edición

1. Borrar (b o tecla Supr): Borra el objeto seleccionado.

2. Mover: Mueve la entidad seleccionada entre dos puntos determinados. Primero designamos el objeto a mover, y luego introducimos el punto de origen y final.

3. Girar: Permite girar un objeto. AutoCAD nos pide introducir el punto base u origen de giro y luego el ángulo. Este se puede introducir numéricamente con el origen en la horizontal o mediante una nueva referencia de ángulos.

4. Copiar: Permite copiar / clonar objetos ya existentes y desplazarlos.

5. Simetría: Permite crear simetrías de objetos ya existentes en el dibujo.

6. Matriz: Permite crear múltiples copias de objetos agrupados en estructura rectangular o polar. Cada

objeto creado puede ser modificado independientemente.

7. Escalar: Permite variar la dimensión de la entidad mediante un factor de escala que se aplica en X e Y. Cuando este factor de escala es más grande que 1 se trata de un aumento, y es más pequeño, es una reducción.

8. Estirar: AutoCAD estira arcos, arcos elípticos, líneas, segmentos de polilínea, rayos y splines que cruzan la ventana de designación. Desplaza los puntos finales que están en la ventana y no modifica los que quedan fuera de la misma. También desplaza los vértices de los trazos y los sólidos 2D situados dentro de la ventana, sin modificar los exteriores. Las polilíneas se modifican segmento a segmento, como si se tratara de líneas o arcos de primitivas.

9. Longitud: Cambia la longitud de los objetos y el ángulo incluido de los arcos. Esa operación no afecta a los objetos cerrados. La dirección de la extrusión del objeto designado no requiere que sea paralela al eje Z del sistema de coordenadas personales actual.

10. Recorta: Recorta objetos en una arista de corte definida por otros objetos. Los objetos que se pueden recortar incluyen arcos, círculos, arcos elípticos, líneas, polilíneas abiertas 2D y 3D, rayos, splines, ventanas flotantes, regiones, texto y líneas auxiliares.

11. Alarga: Alarga un objeto para que coincida con otro objeto. Es posible alargar objetos como arcos, arcos elípticos, líneas, polilíneas abiertas 2D y 3D, y rayos.

12. Equidistancia: Crea círculos concéntricos, líneas paralelas y curvas paralelas. Crea un nuevo objeto a una distancia precisada de un objeto existente o a través de un punto indicado. Podemos indicarle la distancia a la que queremos crear ese nuevo objeto, o decirle el punto que va a atravesar.

13. Partir: Borra partes de los objetos o divide un objeto en dos. AutoCAD borra la parte del objeto entre los dos puntos precisados. Si el segundo punto no está en el objeto, AutoCAD precisa el más próximo.

14. Alinear: Alinea objetos con otros objetos en 2D y 3D. Lo Utilizaremos para mover, girar o atribuir una

escala a los objetos para alinearlos con otros objetos.

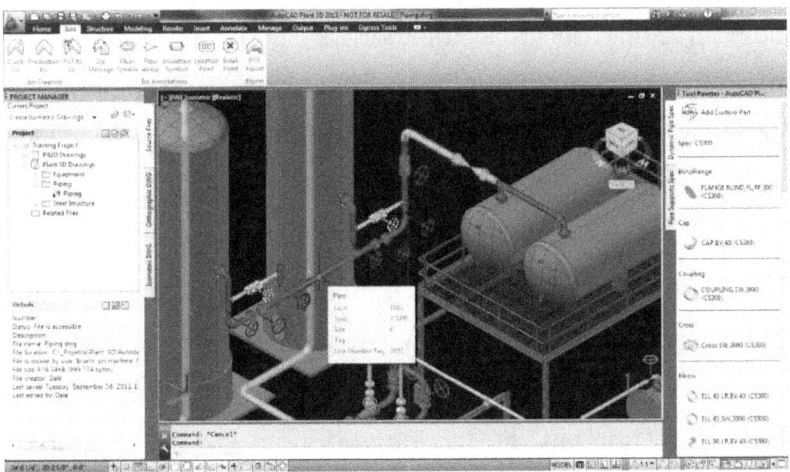

Dibujos en 3D

PLOTTERS

La tecnología de los computadores está basada en la combinación de dos elementos complementarios: el hardware o parte física y mecánica de la máquina y el software, constituido por las instrucciones o programas que lo controlan.

El hardware, son todos los elementos materiales de una computadora, los dispositivos con lo que físicamente retiene y maneja los datos que contienen la información. Por este nombre se conocen todos los componentes electrónicos, mecánicos y de soporte, que hacen que funcione la máquina. Con el cual una computadora puede manejar materialmente la información.

Pero de que nos serviría esta información si no pudiésemos acceder a ella en un formato que nos es útil, que tan practico seria tener que transportar nuestra información solo en el medio en el que nosotros la editamos, es por ello que el hardware de salida es tan importante, que puede pasar desde un monitor hasta un dispositivo de almacenamiento externo de gran capacidad, pero es la impresión uno de los tipos de salida más útiles y accesibles de la actualidad, porque es un dispositivo, controlado electrónicamente, conectado por un cable, que trasforma la salida de datos digitales de la computadora en palabras e imágenes sobre el papel de una manera especificada por el software que se está utilizado.

Los dibujos y gráficas representan ideas e información. Una gráfica dice más de mil palabras; con ellas nos comunicamos más fácilmente. Las gráficas elaboradas en la computadora son generadas por un apuntador usando el pulso (con mucha paciencia), o bien, pueden ser hechas a partir de datos usando una hoja electrónica de cálculo.

Algunas impresoras trabajan imprimiendo muchos puntos sobre el papel para formar palabras e imágenes, otras golpeando un carácter ya formado contra una cinta impregnada en tinta (lo mismo que una máquina de escribir). Algunas solamente imprimen texto, otras imprimen en la actualidad casi cualquier cosa imaginable.

Hoy en día es posible imprimir todo tipo de imágenes en cualquier formato sin limitaciones por tamaño o material, debido a una variante de la impresora, el plotter.

Definición
Un plotter es un dispositivo que conectado a una computadora puede dibujar sobre papel cualquier tipo de gráfico mediante el trazado de líneas gracias a las plumillas retraíbles de las que dispone. La limitación fundamental respecto a una impresora está en la menor

velocidad del plotter y en lo limitado de los colores que puede ofrecer, que se ven limitados por el número de plumillas, bien es cierto que se pueden crear *mezclando* puntos de distintas plumillas, pero el proceso alargaría aún más la obtención de resultados.

Por el contrario, son imprescindibles en otros usos como el corte de tela (la computadora, con los patrones memorizados, distribuye las piezas de las prendas por la tela disponible de modo que se aproveche al máximo y mediante un plotter con cuchillas o un láser de alta energía en vez de plumillas efectúa el cortado) o el troquelado de piezas (mediante un proceso idéntico al del corte de tela) en series limitadas en los que la prensa de molde tradicional resulta excesivamente cara.

El funcionamiento de un plotter se controla desde programa. El usuario puede incluir en su programa instrucciones para realizar las representaciones que desee con sus datos.

Los registradores gráficos se fundamentan en el desplazamiento relativo de un cabezal con el elemento de escritura, con respecto al papel. Dependiendo del tipo de gráfico se moverá sólo la cabeza y el papel.

Según la forma en que se realiza el dibujo, los plotters se pueden clasificar en tres tipos:

- Pluma.
- Electrostáticos.
- Inyección.

Plotters de pluma

Los primeros plotters, aún en pleno uso, fueron los de plumillas. Son los que más tardan en realizar un dibujo complejo, pero también son los que ofrecen una calidad y suavidad en las curvas absolutamente perfectas. Normalmente disponen de un soporte para seis u ocho plumillas, del cual el cabezal de dibujo las irá tomando según las necesite.

En los registradores de pluma el dibujo se realiza mediante un cabezal en el que se insertan los elementos de escritura: plumas, bolígrafos o rotuladores. Cada elemento de escritura puede subirse o bajarse hasta entrar en contacto con el papel, todo ello controlado por programa.

Tradicionalmente los plotters se han utilizado para dibujar planos arquitectónicos, de ingeniería, topográficos y todo tipo de dibujos de tipo técnico. Hoy en día, sin embargo, gracias a la proliferación de los programas de diseño artístico, se han instalado varios para realizar el dibujo de líneas de diseños artísticos complejos.

Las plumillas pueden ser de muchos tipos: rotuladores, estilógrafos para papel normal y vegetal, para papel poliéster, plumas de tinta al aceite (para transparencias), etc.

Incluso hay algunos modelos que pueden usar portaminas de varios grosores (normalmente 0.25, 0.35, 0.5 y 0.7); el trazador se encarga de sacar una mina nueva a medida que se vaya gastando la anterior.

Plotters electrostáticos

Otro tipo de plotters son los plotters electrostáticos, térmicos o láser. Suelen ser bastante más caros que cualquier otro tipo de trazador y aunque con tecnologías distintas entre sí, todos ellos ofrecen una calidad de dibujo similar. Casi ninguno de ellos dibuja en color, y la calidad del resultado final se asemeja mucho a la impresión de un fax, aunque el tamaño del punto es menor y el trazado resiste mejor el paso del tiempo y la acción de la luz.

Los registradores electrostáticos son impresoras electrostáticas. El sistema de tracción de papel es similar al de una impresora convencional. El dibujo se realiza línea a línea. El elemento de escritura está constituido por una serie de agujas cuya densidad puede variar.

La utilidad de los plotters reside en su rapidez, ya que una vez recibido el dibujo que le envía la computadora y tras procesarlo completamente, puede realizar una copia DIN A0 en menos de cinco minutos.

Otra ventaja de estos aparatos es su mantenimiento prácticamente nulo y la posibilidad de funcionamiento durante horas, totalmente desatendido. Su único consumible es la bobina de papel.

Inyección de tinta

Un tipo de trazador que está teniendo mucho éxito en los últimos años es el de chorro de tinta. Realmente es una impresora de chorro de tinta de gran formato, y la mayoría de ellos pueden producir impresiones con 16.7 millones de colores. Se les puede llamar plotters, porque son capaces de entender las instrucciones de lenguajes específicos de los plotters (HP-GL, RD-GL, DMPL, etc.), aunque internamente tienen que realizar la conversión de formato vectorial (líneas) a formato ráster (puntos de color).

Su calidad y velocidad es casi idéntica a la de las impresoras de chorro de tinta de sobremesa.

Las áreas efectivas de trazado de estos aparatos van desde el DIN A4 hasta algo más que un DIN A0, con excepción de los plotters de chorro de tinta, que no se suelen fabricar en tamaños inferiores al DIN A1 (para eso están las impresoras).

Plotters de corte

Un plotter de corte es básicamente igual que uno de dibujo. La diferencia estriba en que además de dibujar está diseñado principalmente para cortar vinilo adhesivo, que es el que utilizan los profesionales de la rotulación para decorar y rotular vehículos, luminosos, o escaparates. Algunos pueden cortar también materiales más gruesos, como cartulina, cartón, etc.

No basta con poner una cuchilla a un plotter de dibujo para convertirlo en uno de corte: un plotter de corte, tiene, entre otras cosas, la circuitería necesaria para controlar la orientación y la posición de la cuchilla.

Fundamentalmente, los plotters de corte pueden ser de mesa o de rodillo; de corte tangencial, de arrastre o de cabezal excéntrico; de arrastre por fricción o por tracción.

Los anchos más comunes son 50, 60 y 120 cm. De entre todos estos tipos, vale la pena destacar un modelo que por ahora es único en su categoría, que no sólo corta, sino que además imprime sobre vinilo, con una calidad bastante razonable y con una duración a la intemperie y sin protección adicional, de tres años. Es el COLOR CAMM PNC-5000 de Roland. Imprime con una resolución de 360 dpi y una anchura de 38 cm. La longitud máxima es de 24,998 metros.

De todas formas, un buen programa de corte permite subdividir el rótulo que deseamos cortar y/o imprimir en trozos más pequeños que encajen en las medidas del plotter.

Corte tangencial

Los plotters de corte tangencial están equipados con un cabezal de corte avanzado que no sólo gira según corta, sino que también se desplaza arriba y abajo. Esta especial habilidad permite a los plotters cortar pequeños texto y complejas imágenes a alta velocidad con soberbia precisión. Estrechos filos de curvas, esquinas cuadradas y finos remates de letras con serif permanecen nítidos ya que la cuchilla no gira alrededor de los ángulos rectos. El corte tangencial es principalmente utilizado en materiales gruesos, como algunas máscaras de arenado y materiales reflectantes.

Lenguajes de impresión

Archivos Bitmaps

Los Bitmaps se definen como una malla rectangular regular de células llamadas pixeles, cada pixel contiene un valor de color. Se caracterizan por tener solamente dos parámetros, el número de pixeles y el contenido de información (profundidad de color) por pixel.

Hay otros atributos que se aplican a Bitmaps pero ellos son las derivaciones de estos dos parámetros fundamentales.

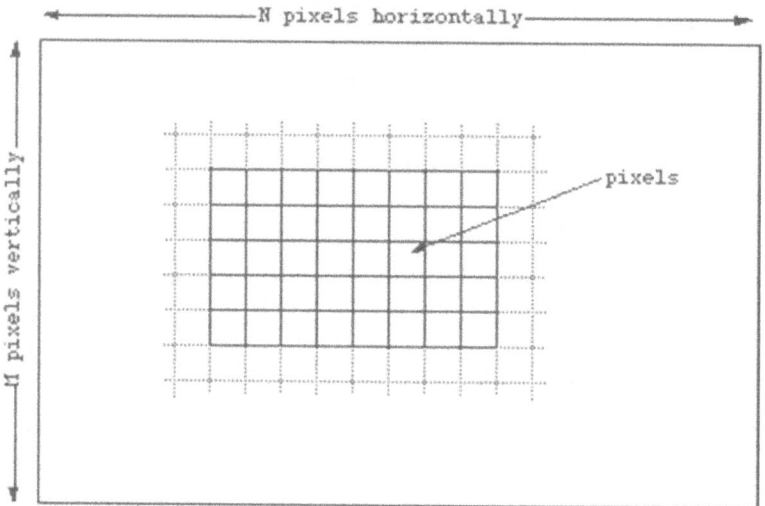

Nota: Los Bitmaps están siempre orientados horizontal y verticalmente. Los pixeles deberían considerarse cuadrados aunque que puedan tener otras relaciones de aspecto en práctica.

En la mayoría de situaciones los Bitmaps se usan para representar imágenes sobre la computadora.

Cuando guardamos información de imágenes en un disco o en memoria, descomponemos a dicha imagen en una cuadrícula o matriz rectangular conformada por dos ejes X e Y o lo que es lo mismo Horizontal y vertical. Cada sector o celda de la matriz contiene información de la imagen, que según el formato en que se la guarde, esta información puede ser mayor o menor.

Si la imagen es Blanco y negro o también llamada bi-lebel, cada posición de la matriz guarda un bit de información. Esta información puede tener solo dos estados1 o 0 que significan blanco o negro.

Cada una de las posiciones de la matriz se las llama puntos, dots o pixel.

Si en cambio la celda corresponde a una imagen en escala de grises, la información será de 4 u 8 bits que representan16 o 256 niveles de grises respectivamente.

Profundidad de Color

Cada pixel en un Bitmap contiene información que se interpreta como información de color.

El contenido de información es siempre el mismo para todos los pixeles en un particular Bitmap.

Pixel (negro y blanco)

Este es el contenido más pequeño de información posible que puede tener lugar para cada pixel.

Los pixeles con un 0 se refieren al color   negro y los pixeles con un 1 se refieren al color blanco.

Nota: Los dos únicos estados posibles podrían interpretarse como dos colores, 0 se combina al color blanco, 1 se combina al otro color.

Grises de 8 bits

En este caso cada pixel toma 1byte (8 bits) de almacenando 256 estados diferentes. Al combinar estos estados en una rampa de encanecimiento desde el negro al blanco el Bitmap realiza unas escalas de grises en la imagen.

Por convención 0 es normalmente negro y 255 blanco.

Los niveles de gris son los números entre ellos, por ejemplo, en una escala lineal 127 serían un 50% nivel gris.

0   255

RGB de 24 bits

Ahora hay 8 bits destinados al color rojo, verde, y azul. En cada componente el valor de 0 refiere se a ninguna contribución de qué color, 255 refiere a una contribución totalmente saturada de qué color. Si en cada componente hay 256 estados diferentes hay un total de 1´677,216 colores posibles.

En RGB el espaciar cualquier color se representa como un punto dentro de un cubo de color con ejes ortogonales r, g, b.

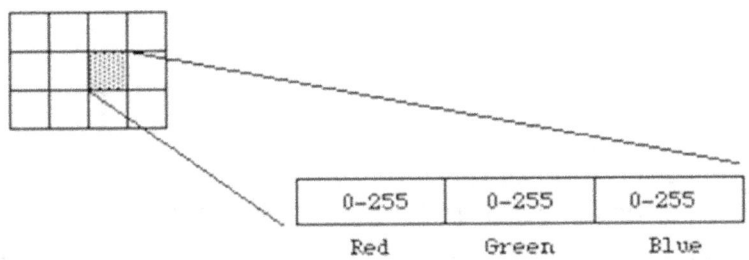

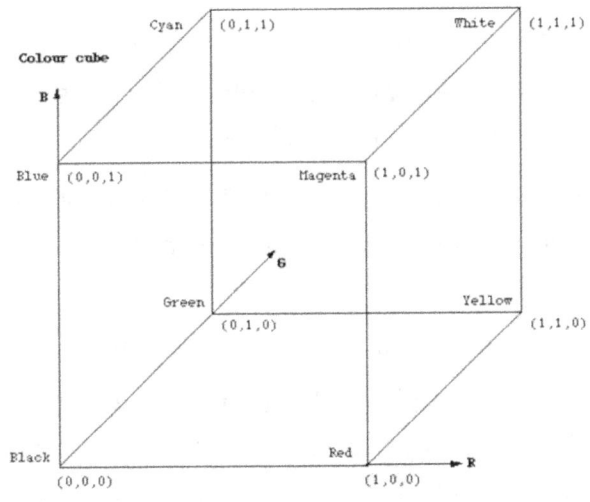

RGB 32 bits

Este es normalmente al igual que 24 bits pero con uno extra.   Este canal puede usarse para crear áreas enmascaradas o representar diafanidad.

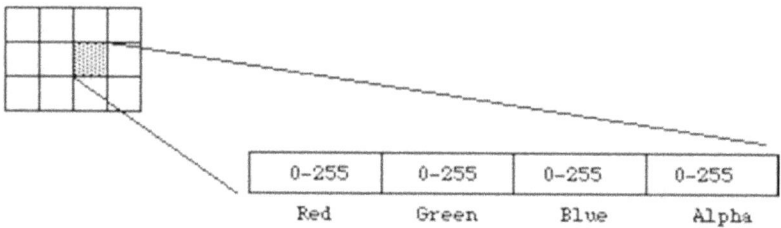

0-255	0-255	0-255	0-255
Red	Green	Blue	Alpha

Cuando pasamos a imágenes color, el tema es más complejo, porque la información va creciendo exponencialmente.   Para los viejos formatos de 16 colores (CGA) la información es como en los tonos de grises de 4 bit por píxel, para las indexed es de 8 bit por píxel (estas se usan en Internet), para las RGB son 16 bits por píxel y para las CMYK son 32 bits por píxel.

A medida que mejora la calidad de color en los archivos, también crece el tamaño en bytes del mismo.

Bien, cada una de las celdas de la matriz conforman la unidad de medida de la imagen, el dot o el píxel, la densidad de píxeles por pulgada o por centímetro nos da la resolución de la misma: dpi = dots per inches o puntos por pulgada.

Para guardar las imágenes en los medios magnéticos se utilizan distintas formas, dando a la información lo que se le llama formato de imagen y que tiene que ver con la manera de almacenar la información.

Aquí nacen lo que llamamos formatos como TIFF, GIF, JPEG, PCX, BMP, RAS, CALS, PICT, etc.

Algunos de estos formatos almacenan la información en disco en forma ordenada y secuencial como aparece en la matriz que definimos en los párrafos anteriores y otras la almacenan utilizando algoritmos de compresión para aprovechar al máximo la capacidad del disco.

Dentro de los algoritmos de compresión encontramos para Blanco y Negro a Packbit, 1-Haffman, CCITT Grupo 3 (usada en los faxes), CCITT Grupo 4, y para color LZW (la que utiliza el formato TIFF), JPEG (la que usa el formato JPG).

La resolución
La resolución es un atributo de un Bitmap que es necesario cuando se visualizan o imprimen porque los pixeles por sí mismos no contienen dimensiones explícitas.

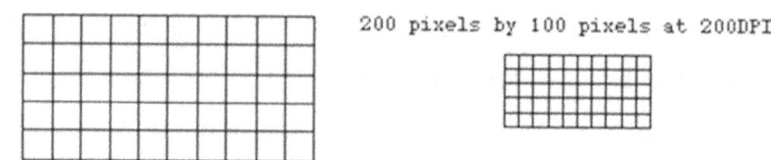

200 pixels by 100 pixels at 200DPI

200 pixels by 100 pixels at 100DPI

La resolución se especifica normalmente en pixeles por la pulgada pero podría estar desde el punto de vista de cualquier otra unidad de medida.

El concepto de resolución es independiente del contenido de información de un Bitmap es muy importante, da una profundidad constante de color así el contenido de información entre diferentes Bitmaps es único y relativo al número de pixeles verticales y horizontales.

Cuando un Bitmap se despliega en una computadora la resolución del monitor debe ser considerada. La mayoría de los monitores de una computadora tienen un rango de resolución desde 60DPI como la resolución más baja y a 120DPI para exhibiciones altas de resolución.

Archivos vectorizados
Primero definamos un vector: es una entidad lineal que une dos puntos y se lo puede definir de varias maneras, pero para nuestro interés vamos a utilizar una de ellas:

punto inicial (coordenadas X e Y) y punto final (coordenadas X e Y).

Con cuatro datos tenemos definido un vector, este tipo de información se la utiliza para formar dibujos, que por lo general son técnicos como los realizados por sistemas CAD, o también son los utilizados por los sistemas de cartelería para plotters de corte.

Con vectores tenemos la limitación que no podemos reproducir imágenes del tipo fotográficas porque cada unidad describe una línea y sería muy complicado con pequeñas líneas poder formar una imagen. Por ello estos formatos vectorizados se los utilizan para dibujos y a los Bitmaps para imágenes.

Algunos de los formatos vectorizados son el DWG, DXF, HPGL (para los CADs) y AI, CDR, WMF, para los programas de gráfica.

Hay información de imágenes que se maneja en forma vectorizada, e información que se maneja en Bitmaps, la primera tiene que ver con los programas de Cad y es la que va a tener como destino de impresión un plotter. Para ellos se creó una serie de lenguajes de comunicación (vectorizada) donde encontramos por ejemplo el "HPGL y el HPGL/2".

Los lenguajes vectoriales se dividen en dos partes, una de comandos de configuración, y otra de comandos de dibujo. Cuando se le envía información de impresión a un plotter, el driver (o controlador) se encarga de traducir la información que reside en el programa de diseño en formato vectorial, a órdenes que pueda entender el plotter.

Ahora por otra parte el HPRTL es un lenguaje Bitmap que se usa para imprimir imágenes y RTL significa: Ráster Trasfer Lenguage (Lenguaje de transferencia Ráster).

Existen algunos plotters del mercado como los HP450 o superiores (750, 800, 1050, etc.) o de la línea Encad Novajet 3 o superiores, que soportan dentro del lenguaje HPGL/2 imágenes incrustadas en formato RTL por lo tanto permiten por ejemplo la impresión de imágenes dentro de programas como AutoCAD 14 o 2000.

Perfiles de color

Cuando trabajamos con imágenes, un detalle muy importante es el color.

¿Qué es un perfil?: Es un archivo que contiene por lo general una tabla de conversión de datos de entrada y salida, y se lo utiliza para realizar correcciones, que en nuestro caso está relacionado con el espectro del color.

Existen tres correcciones de color a través de perfiles, que pueden algunos ser proporcionados externamente al programa.

1) Linealización:

Esta corrección modifica la curva de respuesta de la impresora y depende de tres factores: a) la impresora, b) el medio o papel, c) la tinta o tóner.

2) Saturación:

Tiene que ver con la cantidad de tinta o tóner necesaria sobre el medio o papel para lograr la cobertura correcta sin exceso ni falta.

3) Compensación de color a través de Perfiles ICC:

Tiene que ver con la calidad del color, fuente de la imagen (scanner) y la salida (impresora-papel-tinta).

Linealización

Se trata en este caso de linealizar la respuesta de la impresora de la siguiente manera:

Si una impresora recibe la orden de imprimir x cantidad de tinta para cada tono de color, y en realidad, va teniendo variaciones cuando imprime respecto a lo que se le ordena, entonces se va formando una curva de respuesta que no es completamente lineal sino que posee desviaciones de la media. Para acercarla lo más posible a la media se realiza una calibración, utilizando un densitómetro, que permite medir la cantidad de color sobre un papel, y entrega los valores de las desviaciones al RIP para ajustarlo.

La calibración de linealidad es la más importante, y si logramos tenerla ajustada, tendremos resuelto el 90% del problema de color, porque con esto sabemos que lo que le mandamos a la impresora, sale impreso.

Saturación

No todos los materiales soportan las mismas cantidades de tinta para obtener un resultado similar, para controlar la cantidad, los RIPs nos proveen una especie de "canilla" donde podemos regular la salida de tinta, para cada papel. Los RIP tienen por lo general un archivo de prueba de impresión para este fin, donde aparece un degradé de colores con valores de saturación asociados, para ingresárselos al RIP.

Perfiles ICC (international color consortium).

Estos perfiles son tablas de corrección de color genéricas desarrolladas para cada dispositivo que interviene en el tratamiento de imágenes.

Tenemos dos tipos de perfiles, los de entrada, y los de salida. Los de entrada están conformados generalmente por los de Scanners, que son dispositivos complejos de ingresos de datos de color a una computadora, y los de salida que pueden ser los de impresora y monitor (ambos muestran resultados de una imagen).

Si disponemos de un buen Scanner, viene provisto de su perfil ICC o lo podemos obtener de la web. Se usa en los programas de edición de imágenes o en el RIP para corregir desviaciones en la respuesta del color del dispositivo de ingreso de datos.

Para el caso del monitor es igual, pero es un perfil de salida, y además corresponde a RGB, dado que los monitores son dispositivos RGB.

Para el caso de las impresoras es bastante más complejo, porque dependen del medio y la tinta utilizada, por lo tanto hay un perfil para cada combinación de impresora-tinta-papel, y las puede proveer el fabricante de la impresora, el del papel, o el de la tinta, o también algunos RIPs permiten la generación de estos perfiles Standard para su utilización.

Para entender cómo funcionan, primero debemos saber qué son los "Espacios de color".

Cuando se definen los colores, lo podemos hacer de Cuatro maneras distintas RGBW o CMYK (Red, Green, Blue, White o Cyan, Magenta, Yellow, Black) este espacio de color se usa en el proceso de impresión.

RGB o CMY (Red, Green, Blue o Cian, Magenta, Yellow) Este modelo de color se usa para trabajar las imágenes.

HSV (Hue, Saturation, Value) Este modelo se lo usa para modelar los atributos de los colores.

En el caso "RGB" la composición de color es aditiva y es la usada en los monitores (Tienen fondo negro y agregan Rojo (R), Verde (G), y Azul (B), para componer imágenes.

En el Caso "CMYK" la composición de color es sustractiva y es la usada en impresoras que sobre papel blanco varían la cantidad de Cían (C), Magenta (M), Amarillo (Y) y Negro (K) para formar las imágenes.
En el último caso "HSV" no hay una relación física, sino teórica y tiene que ver con la relación entre los colores.

Hue: (Tinte) se refiere al tinte o color. Este identifica el ángulo en la rueda de color. Comenzando en la posición de las tres horas y en sentido de las agujas del reloj alrededor de la rueda de color, los colores cambian desde rojo a amarillo, a verde a cían, a azul a magenta, y finalmente vuelve a rojo. El color relativo puede ser especificado por la rotación negativa o positiva alrededor de la rueda.

Saturation: Indica cuanto color hay presente, si no hay saturación, no hay color. Cuanto más saturación, más color se da para un tinte determinado. 0% de saturación es transparente, y 100% de saturación es un color sólido. El

0% de saturación está representado en el centro de la rueda de color y el 100% en el borde extremo de la rueda.

Value: Representa cuanto brillo (u oscuridad) tiene el color. Cuando este valor sube, la cantidad de negro baja. Este canal sería el equivalente a la luminancia o luminosidad.

CIEL*a*b: Este es el espacio de color utilizado por los perfiles ICC para definir colores. L*a*b* es un standard internacional desarrollado por la "Commission Internationale de l'Eclairage" (CIE) para definir y medir los colores en forma absoluta y teórica. (Sin ninguna referencia física).

CIE L*a*b*: es un espacio tridimensional, donde L (eje vertical) representa la posición entre la luminosidad y la oscuridad, a es la posición del color en el eje rojo-verde, y b es la posición en el eje amarillo-azul. Valores de a positivos son colores rojizos y negativos, verdosos. Para b positivos son amarillentos y negativos azulados.

Todos los colores con la misma luminosidad se ubican en un mismo plano circular. El gris se ubica en el centro del disco.

Factores relevantes en el proceso de adquisición de un plotter

Velocidad de impresión

La velocidad de impresión que se exija al trazador gráfico es un factor decisivo, siempre que la naturaleza de las aplicaciones que hayan provocado la necesidad de iniciar el proceso de adquisición de uno varios plotters y cuando el resto de las características de las ofertas sean muy similares. Este parámetro debe expresarse en lpm, ppm, cps o mm/s dependiendo de la tecnología concreta por la que se haya optado y en función del trabajo a realizar (gráficos, texto, etc.).

La velocidad de impresión se especificará en función de la calidad de ésta, es decir, para trabajos con calidad borrador (DQ), calidad cuasi-carta (NLQ) o calidad carta (LQ), o expresada en puntos por pulgada (ppp).

Memoria RAM

La capacidad de la memoria RAM instalada debe ser la suficiente para soportar todas las fuentes instaladas y la información correspondiente a un bloque de impresión, por ejemplo una página en el caso de la tecnología de impresión láser.

Con el estándar PCL se recomienda una capacidad mínima de 1 MBytes, si no se desea que sus funcionalidades de impresión se vean seriamente mermadas. En cualquier caso el mínimo es 512 KBytes, pero éste no es suficiente para imprimir un gráfico con una resolución de 300 ppp.

El estándar PostScript requiere una capacidad mínima entre 1 y 2 MBytes de memoria para imprimir una página de gráficos a una resolución de 300 ppp. Pero si se van a imprimir gráficos complejos y se necesitan manejar muchas fuentes, así como mejorar la velocidad de impresión por la utilización de una memoria caché, la memoria RAM mínima que debe ser instalada en la impresora es de 3 a 4 Mbytes.

Alimentación

Dependiendo de la naturaleza de las aplicaciones para las que se requieran los servicios de los dispositivos de impresión a adquirir, se seleccionará uno u otro formato admisible de alimentación, el soporte de papel u otro más conveniente y el modo de alimentación más adecuado para el entorno de operación en el que vaya a trabajar.

Formatos admisibles

1. Papel continuo de 10 pulgadas (aprox. 80 caracteres por línea)
2. Papel continuo de 18 pulgadas (aprox. 132-164 caracteres por línea)
3. Hojas en formato DIN A4
4. Hojas en formato DIN A3

5. Sobres

6. Otros formatos especiales

7. Tipos de soportes

8. Gramajes mínimo y máximo requerido

9. Papel satinado

10. Transparencias

11. Papel autocopiativo (en este caso debe especificarse el número de copias)

12. Papel reciclado

Modos

- Manual
- Automático

En este punto debe tenerse en cuenta que los modos de alimentación requeridos no resulten incompatibles entre sí.

Características de la impresión

Dependiendo de las características funcionales de las aplicaciones con las que vayan a trabajar los dispositivos de impresión a contratar, se deberán especificar los siguientes aspectos:

Tipos de caracteres soportados

1. Courier

2. Geneva

3. Helvética

4. Palatino

5. Times

Juegos de caracteres

Dentro de cada tipo de caracteres, el juego de caracteres soportado, incluidos los caracteres especiales, debe ser aquel que soporte todos los caracteres del alfabeto español.

En los casos en que la impresora sea utilizada como dispositivo de salida de información de una aplicación especial, en este punto se exigirá del equipo de impresión que soporte todos los caracteres especiales utilizados por esta aplicación (fórmulas científicas, flujos de control lógicos).

En los casos en que la valoración se esté realizando entre dispositivos de impresión de impacto por línea, debe prestársele mayor atención a este punto, dado que este tipo de periféricos suelen ser poco versátiles en relación con este aspecto.

Otros factores

Otros factores que puede ser necesario especificar en relación con las características de impresión, y que también están fuertemente condicionados por las necesidades funcionales de las aplicaciones que vayan a presentar los datos de salida a través de estos dispositivos, están:

- Tamaños (expresado en número de puntos: 12 puntos, etc.)
- Estilos (normal, negrita, cursiva, subrayado, etc.)

Por último, en relación con este punto, debe tenerse en cuenta que las características de los caracteres que puedan ser impresos dependerá no solamente de las características de la impresora, sino también de las facilidades del procesador de textos, programa de dibujo, herramienta de diseño gráfico o compositor tipográfico que se vaya a utilizar. Así, las características que se exijan de los dispositivos de impresión deberán estar en correspondencia directa con las características de las aplicaciones que los vayan a utilizar.

Calidad de impresión.

En los casos en que las necesidades funcionales de las aplicaciones presenten unos requisitos muy exigentes en relación con la calidad de impresión, ésta deberá ser especificada con la mayor precisión que sea posible en unidades de puntos por pulgada o de acuerdo con la siguiente clasificación:

1. Calidad borrador (DQ, *Draft Quality*)
2. Calidad cuasi-carta (NLQ, *Near Letter Quality*)
3. Calidad carta (LQ, *Letter Quality*)

4. Calidad cuasi-tipográfica (NTQ, *Near Typeset Quality*)

5. Muy alta resolución

Tipo de impresión

Las necesidades funcionales de las aplicaciones serán las que determinen los requisitos que se establezcan en relación con el tipo de impresión que se exija:

1. Impresión en color
2. Impresión en modo apaisado
3. Impresión por ambas caras
4. Múltiples copias
5. Clasificación automática de las copias

Emulaciones

También puede ser necesario que la impresora soporte alguna de las emulaciones que se relacionan a continuación, si se desea asegurar la compatibilidad de ésta con determinadas aplicaciones que existan en el entorno informático en el que se va a hacer uso de sus facilidades, y que los trabajos finales de impresión presenten el mismo formato que el que se consigue con otros modelos de impresora estandarizados dentro de la organización.

1. Epson FX
2. Diablo 630
3. HP Láser jet

4. IBM Proprinter

5. PostScript

Otros factores críticos que también deberán ser contemplados en el documento de especificaciones son los que se relacionan a continuación.

Tiempo de vida y rendimiento

En algunos casos puede ser muy recomendable determinar el número de páginas por mes, por ejemplo, que la impresora debe ser capaz generar sin que el mecanismo de impresión se vea seriamente deteriorado, si se necesita conocer cuál debe ser el período de amortización de este equipo.

El rendimiento de la impresora se refiere al volumen máximo de impresión en un período de tiempo determinado, por ejemplo un mes. Durante el proceso de evaluación de ofertas deberá revisarse cuál es el volumen recomendado de impresión para cada uno de los equipos de impresión ofertados, especialmente si se trata de impresoras de red que son compartidas por todos los usuarios conectados a la misma.

Mantenimiento

En este parámetro deberá tenerse en cuenta los siguientes aspectos y, sobre todo, en los casos en que sea crítica la disponibilidad de funcionamiento.

El período de tiempo durante el cual el dispositivo está cubierto sin coste por el servicio de garantía del fabricante.

Tiempos garantizados de reparación

1. Capacidad de sustitución de equipos durante su reparación.

2. Otras características de las condiciones de mantenimiento que aseguren la pronta recuperación de la disponibilidad de funcionamiento.

3. Factores eléctricos, mecánicos y ambientales del entorno de operación

4. Consumo de potencia. Esta característica determina el consumo de potencia que tienen estos dispositivos.

5. Dimensiones máximas admisibles. El tamaño es una característica importante en muchas ocasiones, especialmente cuando la disponibilidad de espacio está muy limitada.

6. Niveles máximos de ruidos y vibraciones tolerados. Con este parámetro se determina el nivel de ruidos que se produce durante la impresión con estos dispositivos.

7. El factor de ruido debe ser tenido especialmente en cuenta en el caso de las impresoras de impacto.

8. El factor de vibración afecta fundamentalmente a las impresoras con desplazamiento del mecanismo

de impresión (impresoras matriciales, de banda, etc.), y puede ser decisivo en entornos donde estén ubicados aparatos de medida de precisión, entre otros.

9. Disipación de calor. Esta característica evalúa el nivel de calor que disipan estos dispositivos durante su operación normal. Puede ser decisivo en ambientes de operación poco o mal refrigerados y ventilados; en general, donde afecten a la ergonomía, sobre todo.

Factores humanos en el entorno de operación

Aunque en bastantes ocasiones su consideración se relega a un segundo plano, hay que remarcar la importancia que este tipo de factores tiene cara a una buena implantación y operación del equipo que se va a contratar. Por lo tanto, en las especificaciones técnico-funcionales, hay que considerar aquellas particularidades de especial relevancia, como por ejemplo, la calificación y experiencia necesaria por parte de los operadores y usuarios, o la existencia de usuarios u operadores con minusvalías físicas o psíquicas, así como consideraciones de ergonomía del puesto de trabajo.

Factores medioambientales

Estos factores serán decisivos en aquellos casos en los que exista una política de medidas medioambientales que hayan de tenerse en cuenta en la adquisición y utilización de los equipos y sus elementos fungibles, componentes consumibles, soportes de salida (papel reciclado, dureza del tambor, etc.), e incluso envases, embalajes y demás elementos anexos al equipo desde su fabricación hasta su desecho.

Conclusiones

- La tecnología de los computadores está basada en la combinación de dos elementos complementarios: el hardware o parte física y mecánica de la máquina y el software, constituido por las instrucciones o programas que lo controlan.

- Un plotter es un dispositivo que conectado a una computadora puede dibujar sobre papel cualquier tipo de gráfico mediante el trazado de líneas gracias a las plumillas retraíbles de las que dispone.

- La limitación fundamental respecto a una impresora está en la menor velocidad del plotter y en lo limitado de los colores que puede ofrecer, que se ven limitados por el número de plumillas, bien es cierto que se pueden crear *mezclando* puntos de distintas plumillas, pero el proceso alargaría aún más la obtención de resultados.

- Los Bitmaps se definen como una malla rectangular regular de células llamadas pixeles, cada pixel contiene un valor de color. Se caracterizan por tener solamente dos parámetros, el número de pixeles y el contenido de información (profundidad de color) por pixel.

- La resolución es un atributo de un Bitmap que es necesario cuando se visualizan o imprimen porque los pixeles por sí mismos no contienen dimensiones explícitas.

- HPGL es un conjunto de comandos en el ROM de plotters de pluma para reducir el trabajo requerido por los programadores de las aplicaciones que ejecutan salida en ploteo.

- Cuando se imprime en HP-GL / 2, la impresora define los puntos "a" y " b" entonces dibuja una línea entre ellos, en ráster la impresora define cada punto entre el punto "a" y el "b".

- Bajo el nombre de ingeniería asistida por computador (Computer Aided Engineering) se agrupan habitualmente tópicos tales como los del CAD y la creación automatizada de dibujos y documentación.

IMPRESIONES EN 3 DIMENSIONES

La impresión 3D es una de las grandes tendencias de los últimos años en el terreno tecnológico. De hecho estamos viendo poco a poco como salen al mercado de consumo distintos modelos de impresora 3D que puedes comprar tanto a través de Internet como en grandes almacenes.

Sin embargo, la impresión 3D tiene mucho más detrás de lo que parece en primera instancia. A modo comparativo es como si hablásemos de automóviles, un campo enorme y tenemos distintos subtipos como eléctrico, híbrido o con combustible derivado del petróleo (diésel / gasolina / GLP).

Existen tres tecnologías principales a la hora de hablar de impresoras 3D y tipos de piezas y acabados.

Las impresoras 3D forman parte de lo que se conocen como procesos de fabricación aditiva. Estos procesos son aquellos que permiten fabricar un objeto desde cero donde las máquinas van añadiendo material hasta conformar la pieza final.

En la fabricación tradicional como puede ser el mecanizado mediante torno de control numérico se parte de un bloque de material sobre el que se empiezan a realizar operaciones quitando capas hasta dejar la pieza que se quiere obtener.

Los procesos aditivos incluyen, entre otros, todas las tecnologías de Prototipado Rápido (Rapid Prototyping) con métodos como la impresión 3D: FDM, FFF, Estereolitografía (SLA) o el Sinterizado Selectivo Láser (SLS).

Todos los procesos de fabricación aditiva tienen en común el hecho de que pueden generar geometrías muy complejas de una forma muy rápida. En todos los casos, los objetos presentan una textura material de capas muy finas, casi imperceptibles.

Mark Villacampa, quien lleva dentro de este mundo desde la llegada de las impresoras RepRap y que ha realizado recientes análisis de las últimas impresoras 3D del mercado y analizado el modelo de negocio de la impresión 3D nos da la clave para la creciente popularidad de la impresión 3D:

El boom reciente de la impresión 3D personal se debe principalmente al vencimiento de determinadas patentes relacionadas con la tecnología FDM. La tecnología protegida anteriormente por estas patentes hizo posible el nacimiento del proyecto RepRap en el año 2005. Todas las compañías que se encuentran actualmente dentro del mercado de la impresión 3D están impulsadas por el éxito del proyecto RepRap.

Tecnologías de deposición de material plástico
La tecnología que ha popularizado este método de impresión de figuras y piezas en 3D ha sido la que se conoce como Fusion Deposition Modeling (FDM) que fue inventada y patentada a finales de los años 80 por Scott Crump quien la empezó a comercializar a través de la empresa que fundó junto con su mujer, Stratasys.

FDM
1. Extrusor / 2. Material depositado / 3. Ejes de movimiento
Es una tecnología que permite conseguir piezas utilizando plástico ABS (similar al material de los juguetes Lego) o bien PLA (un polímero biodegradable que se produce desde un material orgánico).

La gran mayoría de las impresoras 3d personales utiliza tecnología FDM
La tecnología FDM estaba protegida por patente y nació una tecnología que en esencia es similar, Fused Filament Fabrication (FFF) que hemos visto en impresoras como RepRap.

La impresión con esta tecnología comienza desde la capa inferior, creando una superficie en la base para poder separar la pieza. Se utiliza un fino hilo de plástico pasa por el extrusor que es, en resumen, un dispositivo que calienta el material hasta el punto de fusión. En ese momento el plástico se depositando en la posición correspondiente de la capa que se está imprimiendo en cuestión.

Tras ser depositado en su lugar, el material se enfría y solidifica, una vez acabada esa capa, se desplaza verticalmente una pequeña distancia para comenzar la siguiente capa. Según la pieza a fabricar es posible que se necesiten varios soportes que se eliminan a posteriori.

La impresión, como en la mayoría de métodos de impresión 3D, se realiza capa a capa. Imaginad que queremos imprimir una manzana, pues el trabajo se realiza imprimiendo finas rodajas de la misma. Cuanto más finas sean las mismas, mejor será la calidad final de la impresión. Os dejamos un ejemplo en vídeo de la diferencia a la hora de utilizar capas más finas (más tiempo de impresión) frente a capas más gruesas:

Tecnologías impresión 3D con láser
Seguimos con las tecnologías más populares de impresión 3D y nos pasamos a hablar de dos tecnologías que utilizan el láser, con las tecnologías Estereolitografía (SLA) y

Selective Laser Sintering (SLS). Con estas tecnologías se consigue una mayor precisión de las piezas imprimidas y un ahorro en tiempo de impresión.

La tecnología SLA o estereolitografía nació antes que la tecnología FDM y FFF de la mano de Charles Hull quien también fundó la empresa 3D Systems. Esta compañía fue la primera en poner a la venta lo que hoy llamamos impresora 3D.

Una impresora de SLA tiene un funcionamiento también capa a capa pero a diferencia del método anterior en esta ocasión se parte de una base que se va sumergiendo (o saliendo) capa a capa en un baño de resina fotocurable. El láser de luz ultravioleta activa la curación de la resina líquida, solidificándola. En ese momento la base se desplaza hacia abajo para que el láser vuelva a ejercer su acción.

Con este método se consiguen figuras con gran detalle aunque, al igual que el método posterior, desperdicia cierta cantidad de material según qué piezas si se necesitan fabricar soportes que se eliminan a posteriori.

Y para finalizar os presentamos la tecnología SLS o Sinterización Selectiva Láser. Esta tecnología nació en la Universidad de Texas en los años 80 también y pese a tener ciertas similitudes con la tecnología SLA en concepto, permite utilizar un gran número de materiales.

A diferencia de la impresión vía SLA que hace uso de un baño de un polímero líquido fotocurable se utiliza material en polvo (poliestireno, materiales cerámicos, cristal, nylon y materiales metálicos). El láser impacta en el polvo y funde el material y se solidifica (sinterizado).

Todo el material en polvo que no se sinteriza sigue situado donde estaba inicialmente y sirve de soporte para las piezas, principal ventaja frente a las tecnologías que os hemos presentado antes. Una vez finalizada la pieza ese material puede ser retirado y reutilizado para la impresión de próximas piezas.

Otras tecnologías de impresión 3D
Ya os hemos comentado los procesos de impresión 3D más populares pero no son los únicos y queremos dejar constancia de otros métodos menos utilizados a día de hoy. Esto no quiere decir que en el futuro no podamos ver como se popularizan.

La primera de ellas es PolyJet photopolymer, desarrollada por Objet (adquirida por Stratasys) y que se asemeja a la manera en la que las impresoras de tinta depositan la tinta. Un fotopolímero líquido se expulsa y entonces se solidifica gracias a una luz ultravioleta. Tal y como sucede con el resto de tecnologías 3D la impresión se realiza capa a capa.

En teoría esta tecnología permitiría hacer uso de distintos materiales y colores de manera simultánea capa a capa.

Otra de las tecnologías de impresión 3D es Syringe Extrusion que no es más que un sistema de impresión que hace uso de cualquier tipo de material en formato cremoso o viscoso y se hace uso de un extrusor a modo de manga pastelera / jeringuilla, situando el material en la posición adecuada.

Syringe Extruder

Según el material utilizado se requerirá que el extrusor caliente (por ejemplo con chocolate) o no (silicona).

Seguimos con otros métodos que son, en gran mayoría, modificaciones de los anteriores pero que merece la pena mencionar. Empezamos con Selective Laser Melting (SLM) que es similar a SLS pero que derrite el material en polvo en lugar de sólo fundirlo a baja temperatura.

Este proceso SLM es equivalente a Electron Beam Melting (EBM) que utiliza un haz de electrones en lugar de un láser UV para derretir el polvo.

Y para finalizar también tenemos Laminated Object Manufacturing (LOM) donde distintas capas de material (papel adhesivo, plástico o láminas de metal) son situadas una encima de otra y se pegan con resina/pegamento y son cortadas con la forma apropiada con láser. Este proceso recuerda en parte al modo de fabricación de la fibra de carbono.

Como se puede ver tenemos numerosas tecnologías disponibles para imprimir en 3D. Es un mercado en plena expansión y muy joven por lo que no se puede tener una idea clara sobre qué rumbo seguirá. Lo que sí que podemos constatar es que está siendo una gran revolución en el mercado debido a las infinitas posibilidades que se ofrecen, incluyendo figuras, piezas e incluso ropa o calzado entre otros.

La opinión de Mark Villacampa sobre el estado actual del mercado de la impresión 3D, en qué precios se mueve el sector y qué tipos tecnología son las más populares:

"La gran mayoría de las impresoras 3D personales, tanto los modelos DIY que montas tú mismo, como los que vienen ya listos para usar, utilizan la tecnología FDM. El rango de precios va desde los 600€ de un kit de montaje hasta los cerca de 3000€ de una impresora montada y con más prestaciones."

¿Cómo ves el futuro inmediato de esta tecnología y en qué campos se está popularizando más?

"A corto plazo, el mercado de las impresoras 3D personales va a seguir creciendo en los ámbitos profesionales como la arquitectura, el diseño industrial o los laboratorios de investigación. Estos son grupos que ya se beneficiaban anteriormente de las impresoras 3D industriales, pero tenían un precio prohibitivo para sus presupuestos. En las casas tardaremos más en ver una adopción generalizada de las impresoras 3D. De momento, las aplicaciones en este ámbito están limitadas y solo unos pocos early adopters con conocimientos técnicos y suficiente poder adquisitivo se animan a unirse a la impresión 3D."

Y para finalizar queremos mirar un poco más adelante, de cara al futuro, para ver en la medida de lo posible qué modelo de negocio podríamos acabar viendo en este campo.

"Será interesante ver cómo evolucionan los fabricantes de impresoras 3D y por qué modelo de negocio deciden apostar. Lo lógico sería pensar que adoptarán el modelo de las impresoras de papel tradicionales, y fabricarán impresoras cada vez más baratas mientras aumentan el precio de los consumibles. Un modelo de negocio mucho más sano para todo el ecosistema consistiría en que los fabricantes impulsasen la creación de modelos 3D que los usuarios pueden comprar (mediante un modelo similar a las tiendas de aplicaciones en los smartphones) e imprimir en sus impresoras 3D. De este modo podríamos tener consumibles más baratos que animen a los consumidores a imprimir más, e impresoras más caras pero con más prestaciones y mayor calidad de impresión."

Pieza realizada en impresoras 3D

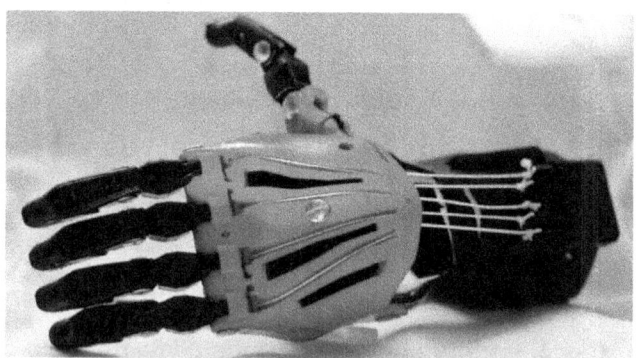

Mano ortopédica impresa en 3D

30 EJERCICIOS de DISEÑO INDUSTRIAL

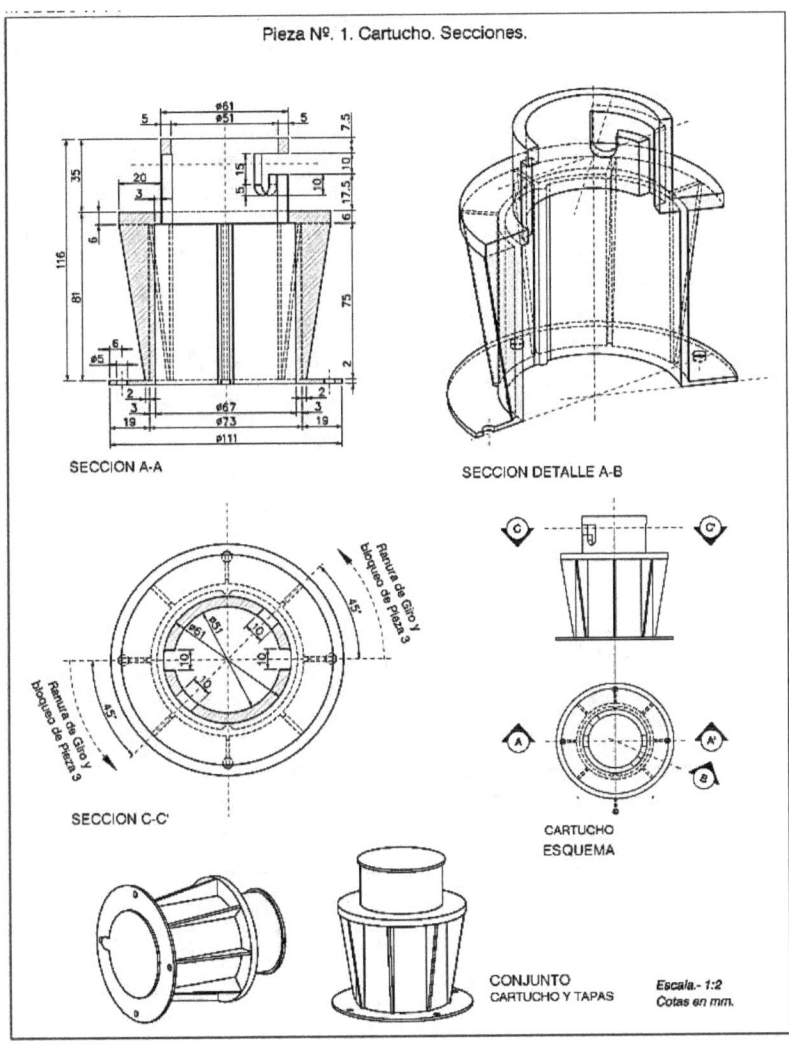

Pieza Nº. 1. Cartucho. Secciones.

SECCION A-A

SECCION DETALLE A-B

SECCION C-C'

CARTUCHO
ESQUEMA

CONJUNTO
CARTUCHO Y TAPAS

Escala.- 1:2
Cotas en mm.

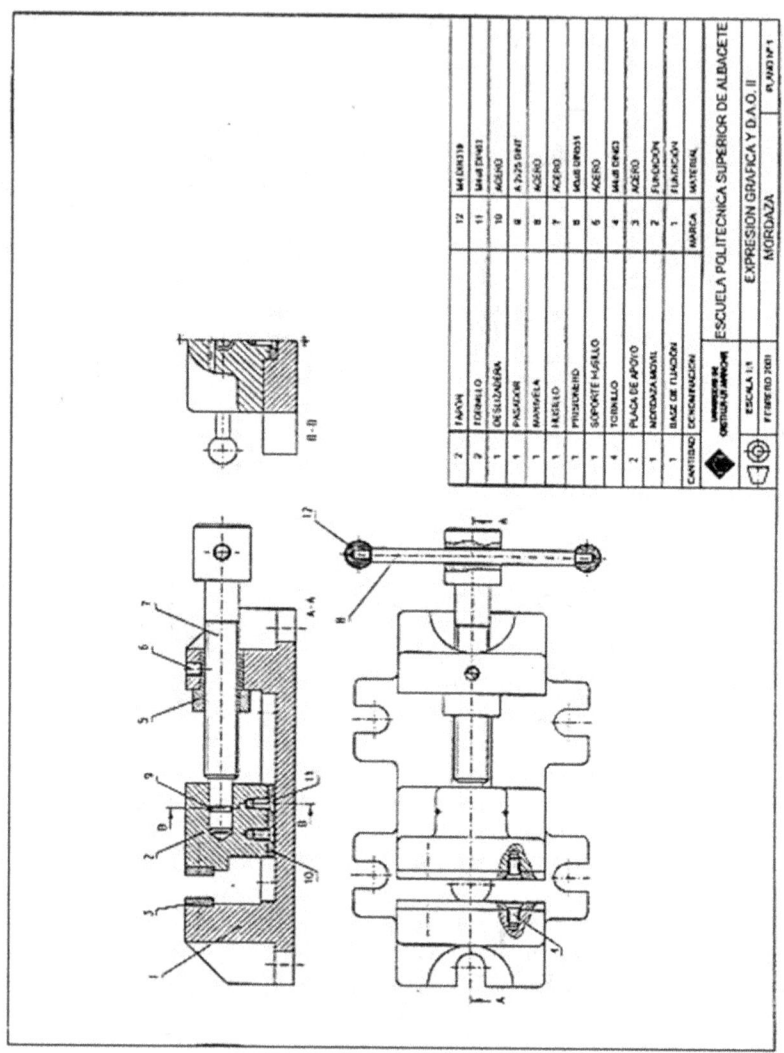

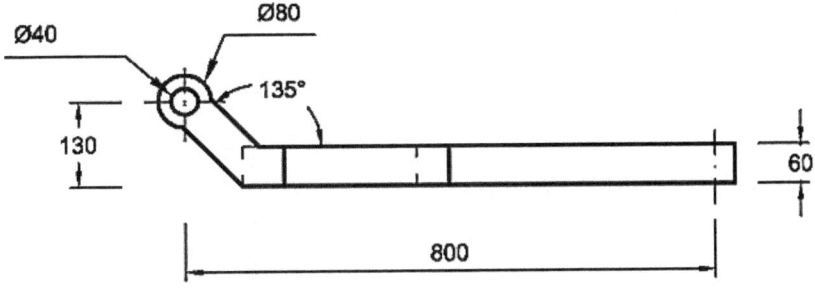

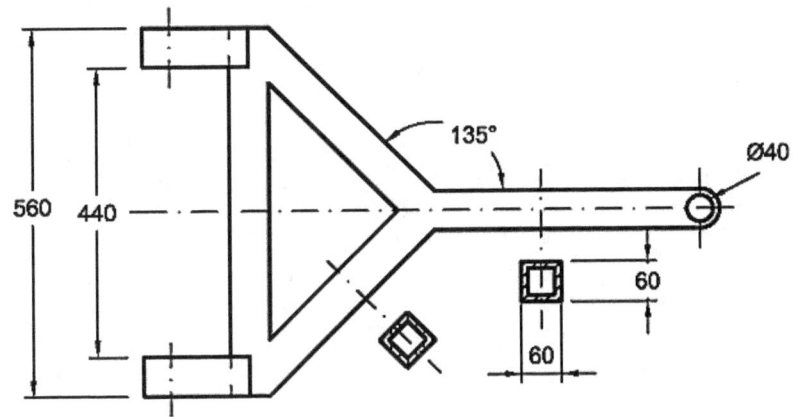

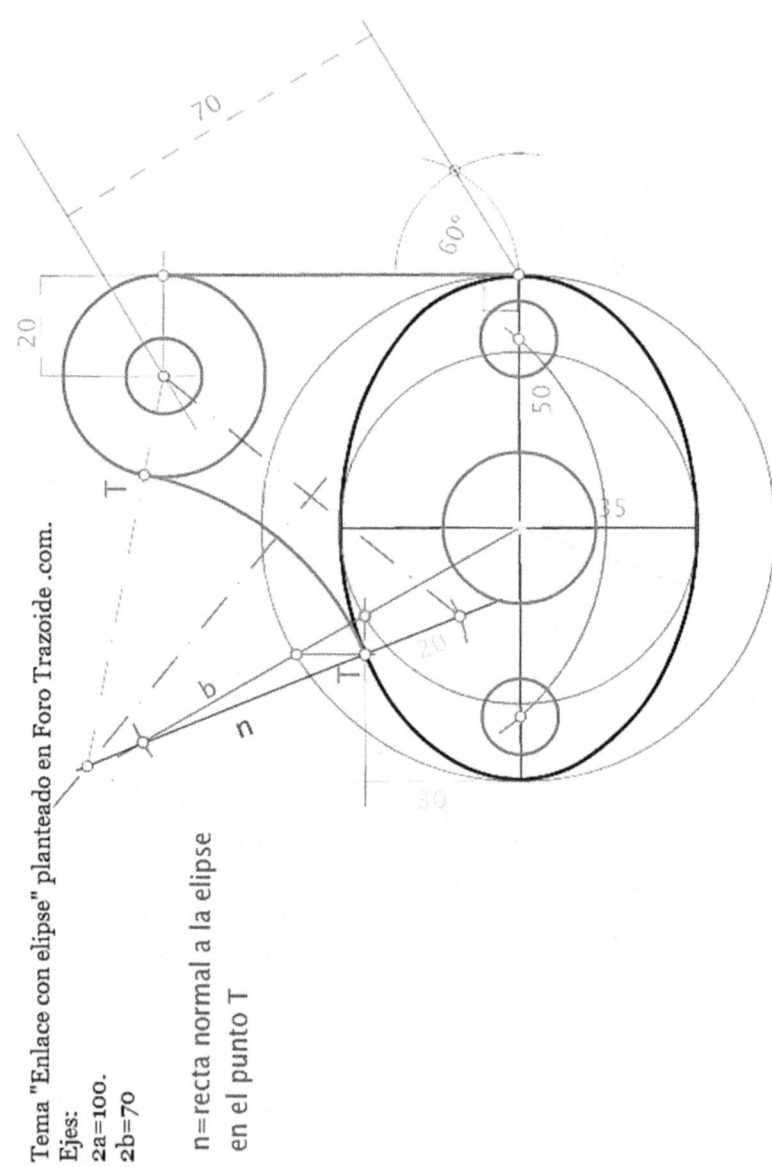

Tema "Enlace con elipse" planteado en Foro Trazoide .com.
Ejes:
2a=100.
2b=70

n=recta normal a la elipse
en el punto T

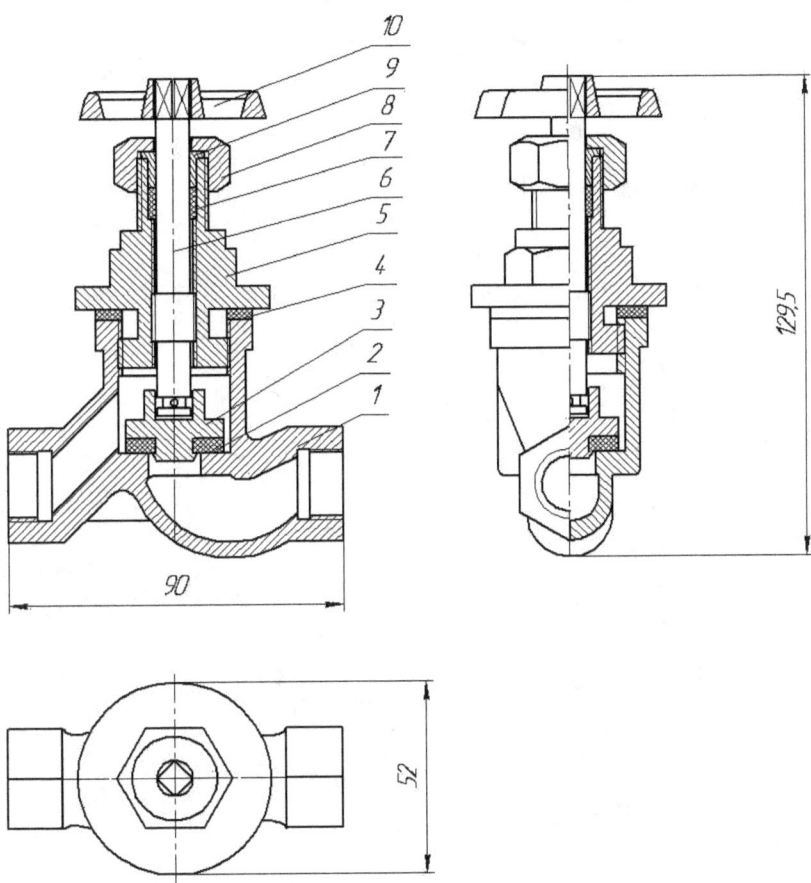

ITEM	QTY	NOMBRE	DESCRIPCIÓN
1	1	BASE	ALUMINIO
2	1	BRAZO OSCILANTE	ALUMINIO
3	2	MORDAZA MÓVIL	ALUMINIO
4	2	TORNILLO	ACERO
5	2	MANIVELA	ACERO
6	2	ARANDELA	ACERO

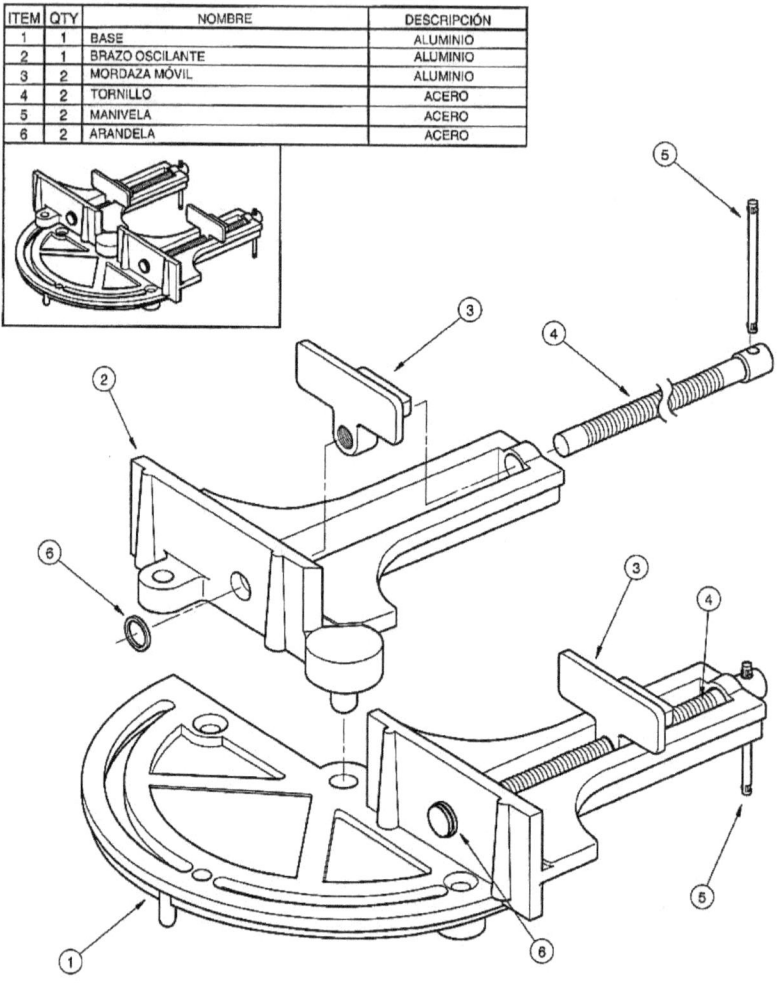

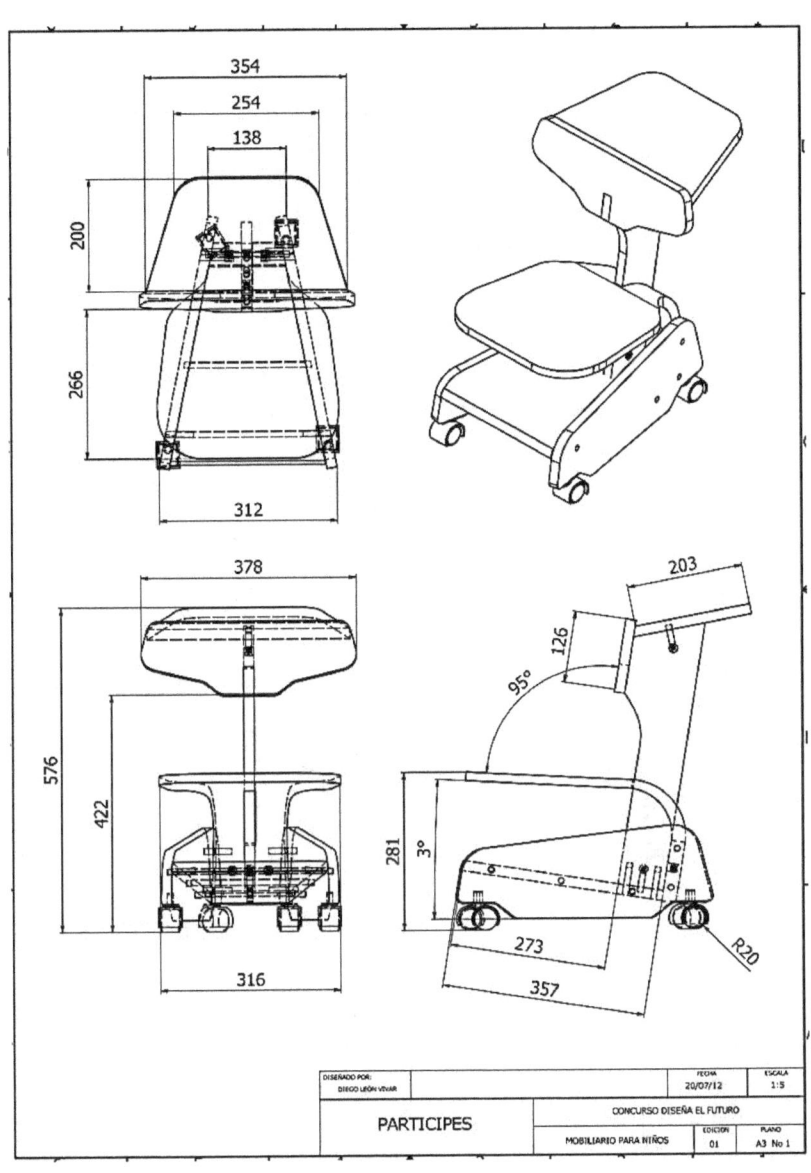

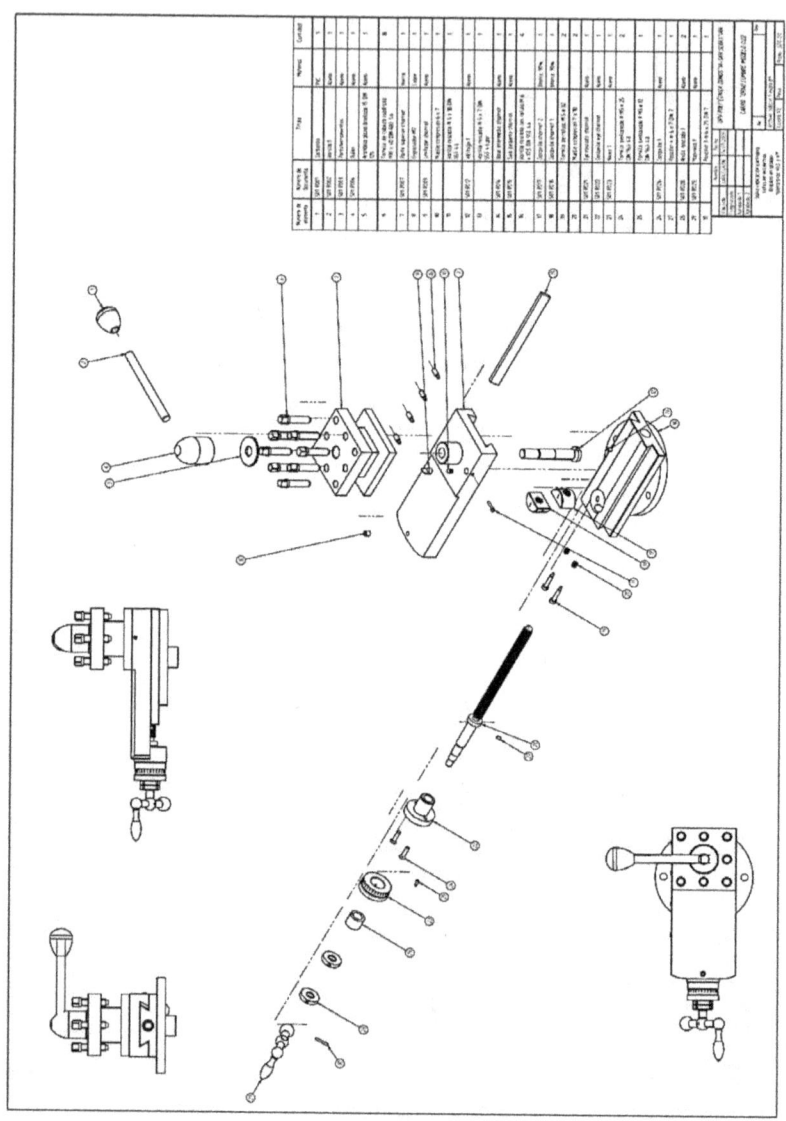

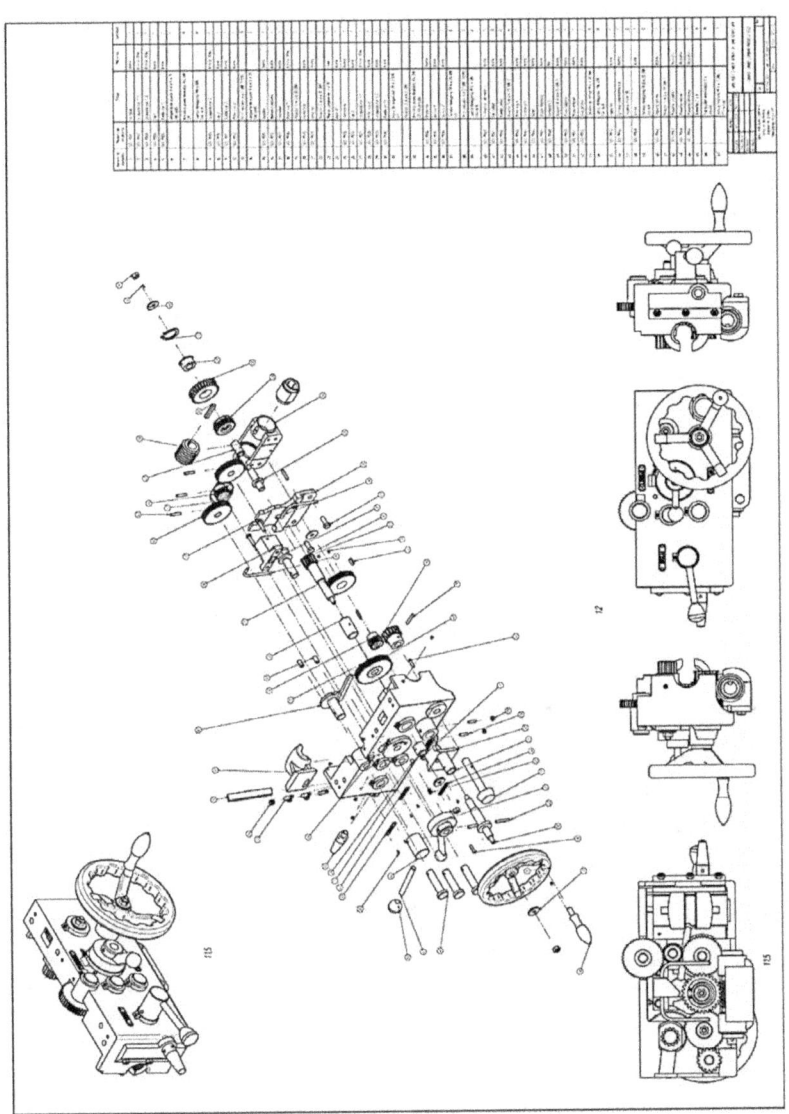

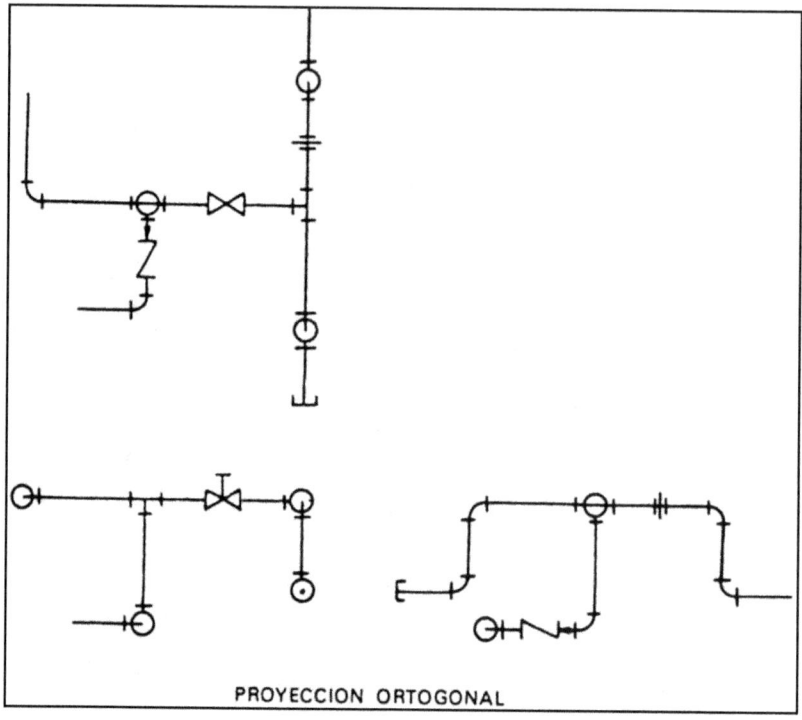

PROYECCION ORTOGONAL

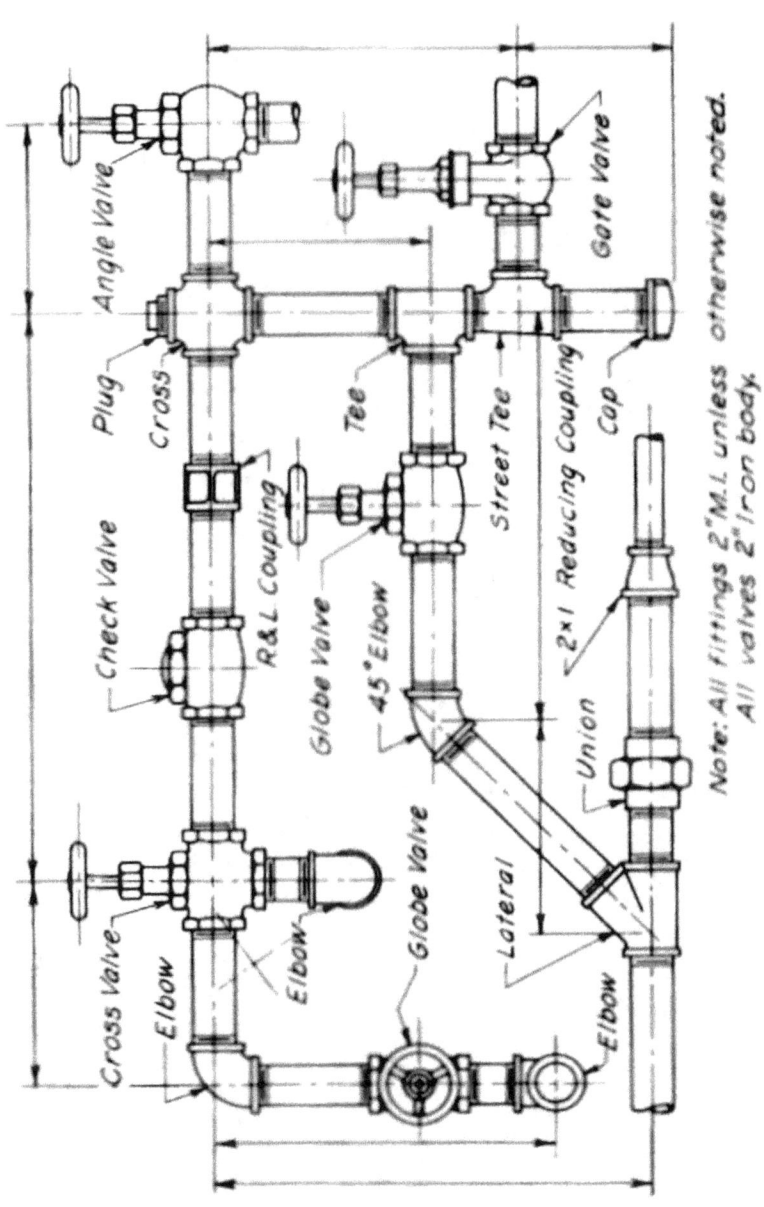

Sean AB y CD los ejes

1. Se trazan tres circunferencias de radios OC, OA y OA+OC

2. Se traza un radio OG

3. Por E se traza paralela a AB

4. Por F se traza paralela a CD

5. Se traza la recta GH hasta O_3

6. Se traza otro radio y se repite la operación

7. Con centro en O_3, O_2 y O_1 se trazan los arcos CH, HJ y JA

8. Se realizan las mismas operaciones con el resto de cuadrantes

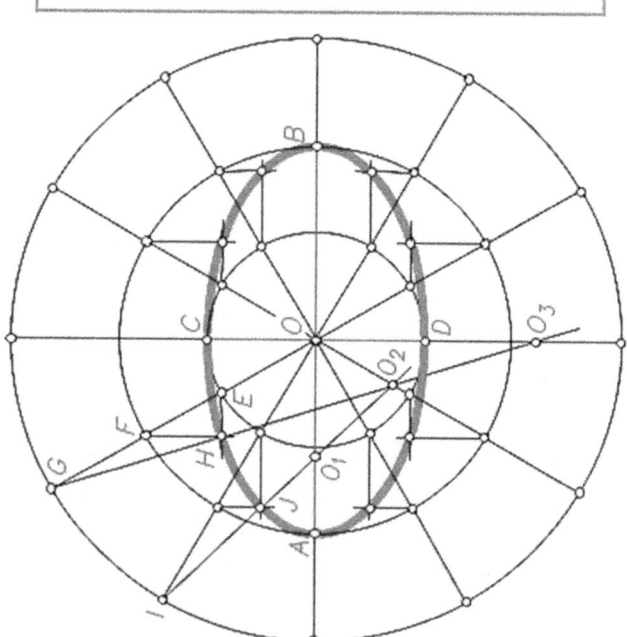

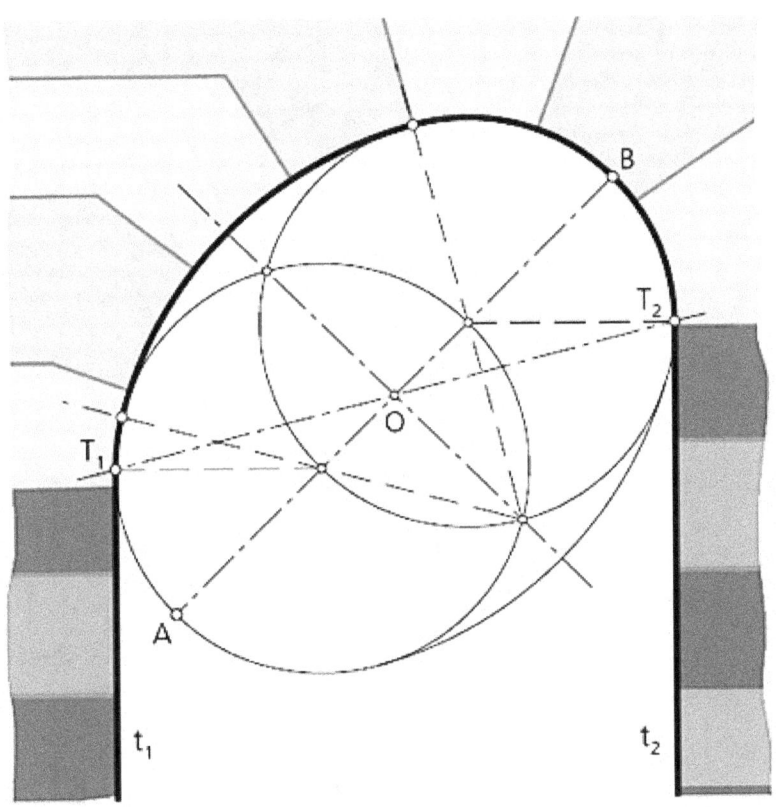

LLAVE FIJA

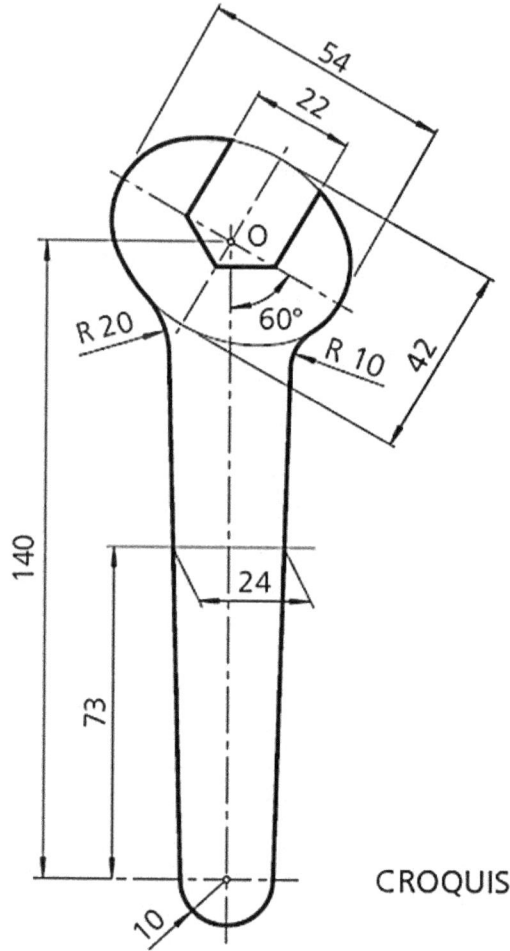

CROQUIS

Las CADENAS están compuestas de AMILLOS o ESLABONES de forma variable enlazados uno a otro tal que, en su régimen de fatiga, pueden tolerar cierta desviación angular, cuya amplitud no debe exceder de 30° a 45°. Mecánicamente están destinados para dos aplicaciones fundamentales: como amarras, al igual que los cabos y cables, o bien como mecanismos de transmisión.

El eslabón que muestra el croquis, de SECCIÓN CIRCULAR, tienen FORMA OVAL, análogo al que se pide rediseñar, bajo los siguientes datos.

EJES del óvalo EXTERIOR: $\overline{AB}$ = 90 mm.   y $\overline{CD}$ = 70 mm.

EJES del óvalo INTERIOR: $\overline{EF}$ = 50 mm.   y $\overline{GH}$ = 30 mm.

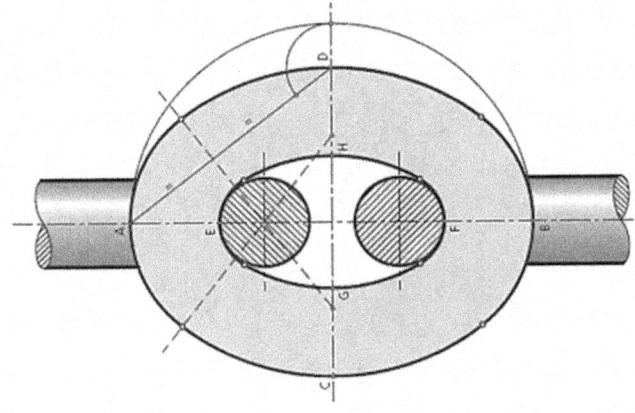

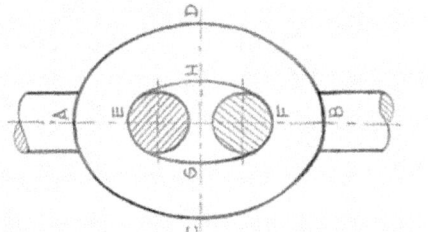

CROQUIS
ESLABÓN DE CADENA

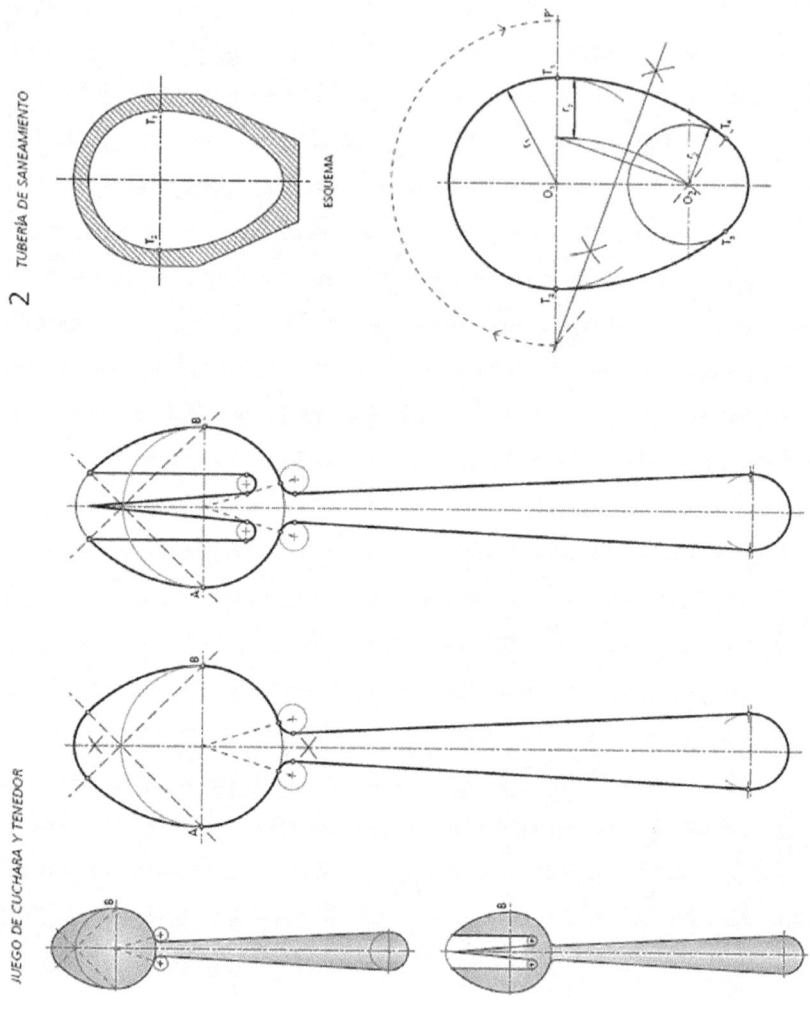

Sea OM el paso de la espiral

1. Se traza la circunferencia de radio OM

2. Se divide la circunferencia en un número de partes iguales

3. Se divide OM en el mismo número de partes iguales

4. Se trazan las circunferencias concéntricas de centro O

5. Los puntos de intersección de las circunferencias con los radios respectivos son puntos de la espiral

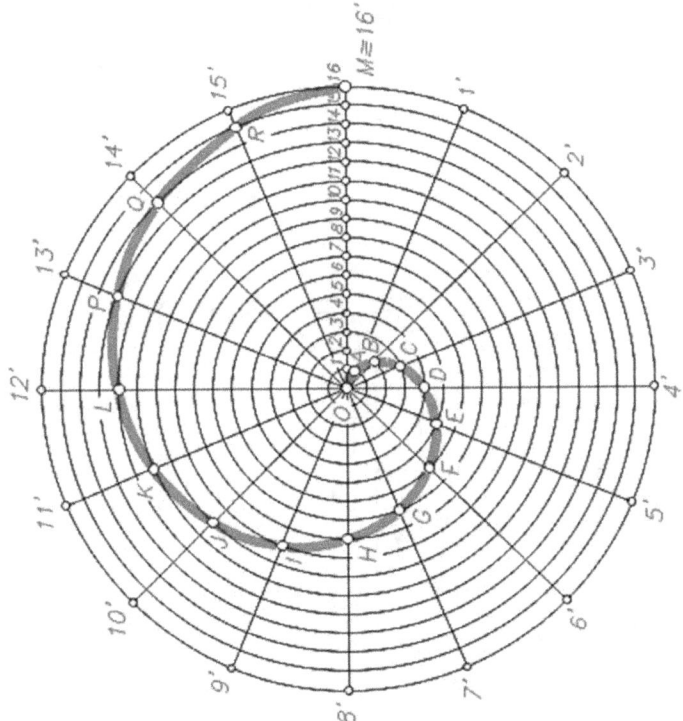

Sea d el diámetro y p el paso de la hélice

1. Se traza la circunferencia de diámetro d

2. Se traza un rectángulo de base d y altura p

3. Se divide la circunferencia en un número de partes iguales

4. Se divide la altura del rectángulo en el mismo número de partes que en la circunferencia

5. Por las divisiones de la circunferencia se trazan rectas verticales

6. Por las divisiones de la altura se trazan paralelas a la base

7. Los puntos de intersección de las verticales y horizontales respectivas son puntos de la hélice cilíndrica

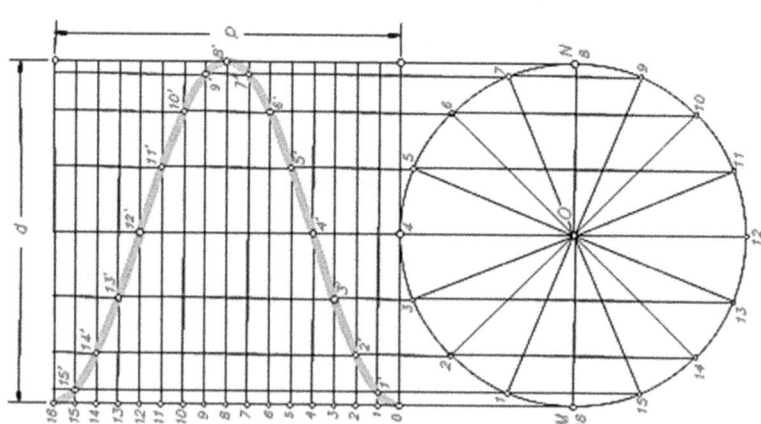

Sea r el radio dado

1. Se dibuja la circunferencia de radio dado.

2. Se divide la circunferencia en un número de partes iguales.

3. Se trazan las tangentes a la circunferencia en un mismo sentido de giro.

4. Sobre cada tangente se traslada la longitud, m, 2m, 3m, etc., siendo m la longitud de uno de los arcos.

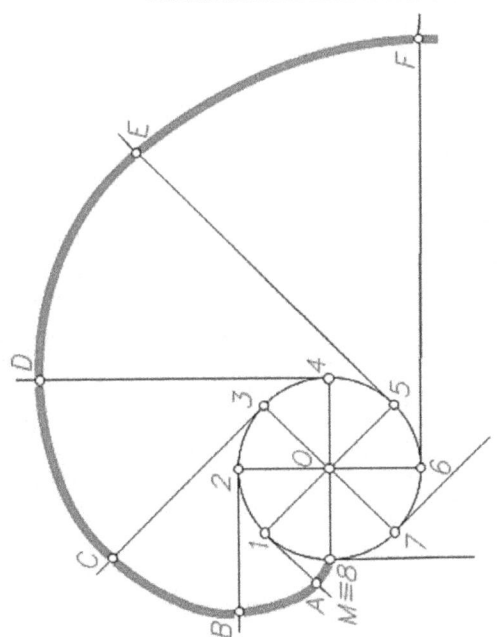

Sea d el diámetro y p el paso de la hélice

1. Se traza la circunferencia de diámetro d

2. Se traza un triángulo isósceles de base d y altura p

3. Se divide la circunferencia en un número de partes iguales y se dibuja una espiral de Arquímedes

4. Se divide la altura del triángulo en el mismo número de partes que en la circunferencia

5. Por las divisiones de la circunferencia se trazan rectas verticales hasta la base del triángulo y estos puntos se unen con el vértice opuesto

6. Por las divisiones de la altura se trazan paralelas a la base

7. Los puntos de intersección de las horizontales con las rectas anteriores respectivas son puntos de la hélice cónica

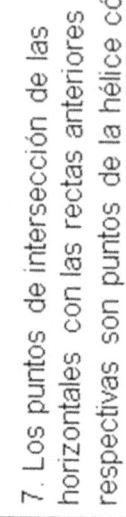

Planta Baja

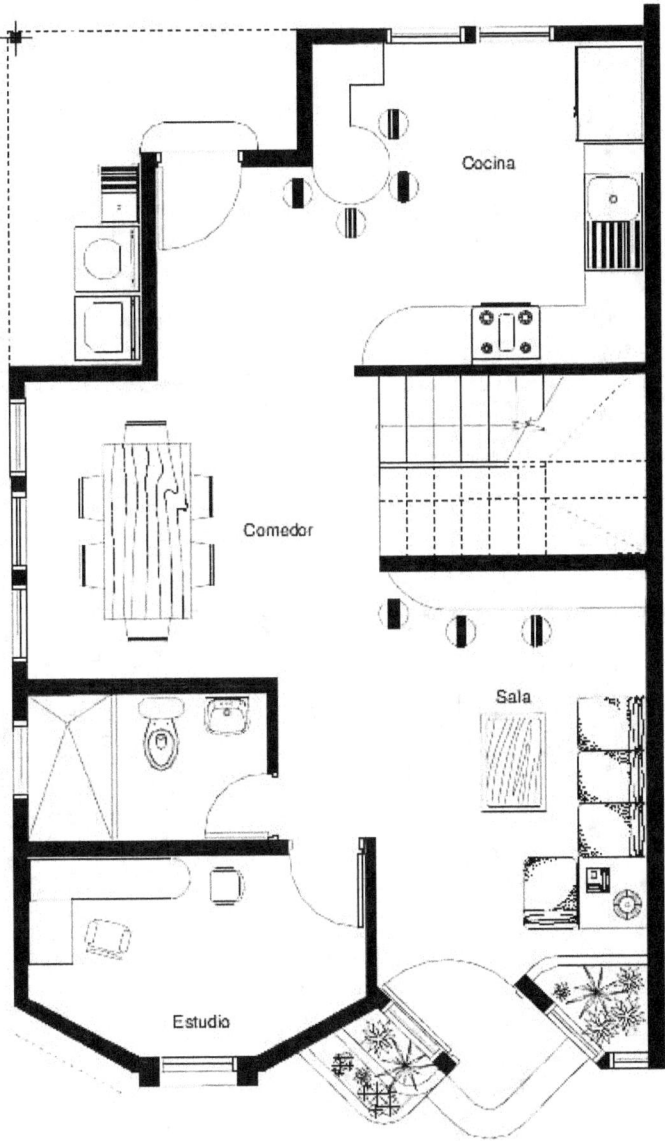

Planta Alta

Dormitorio

Dormitorio

Estar Intimo

Dormitorio
Principal

Vestier

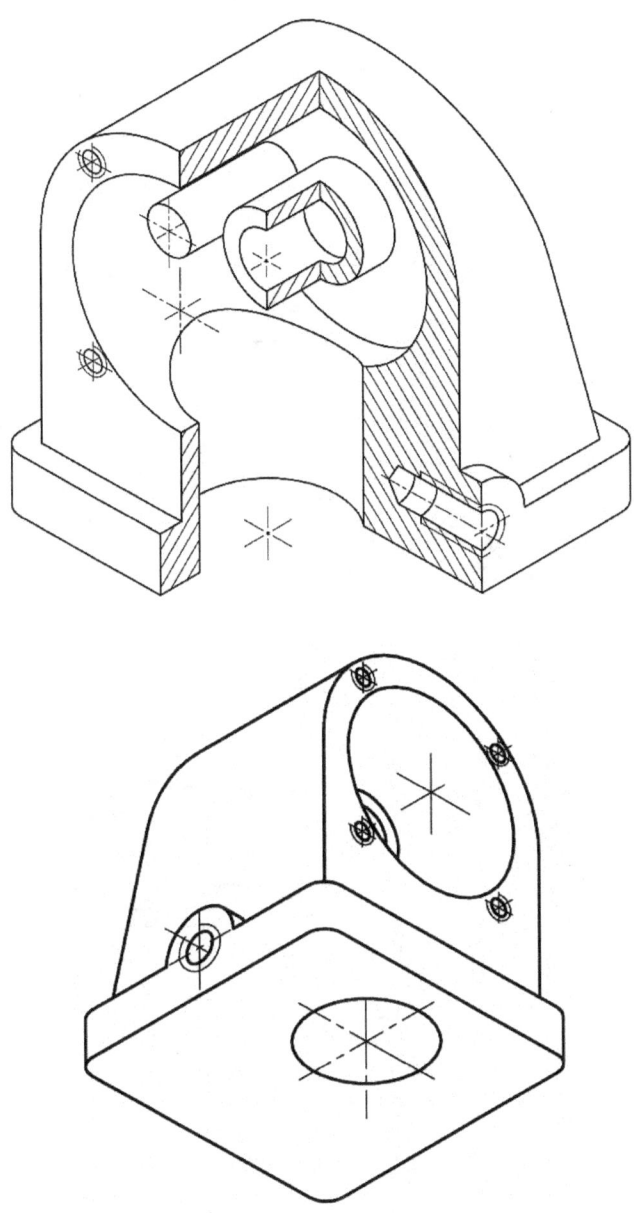

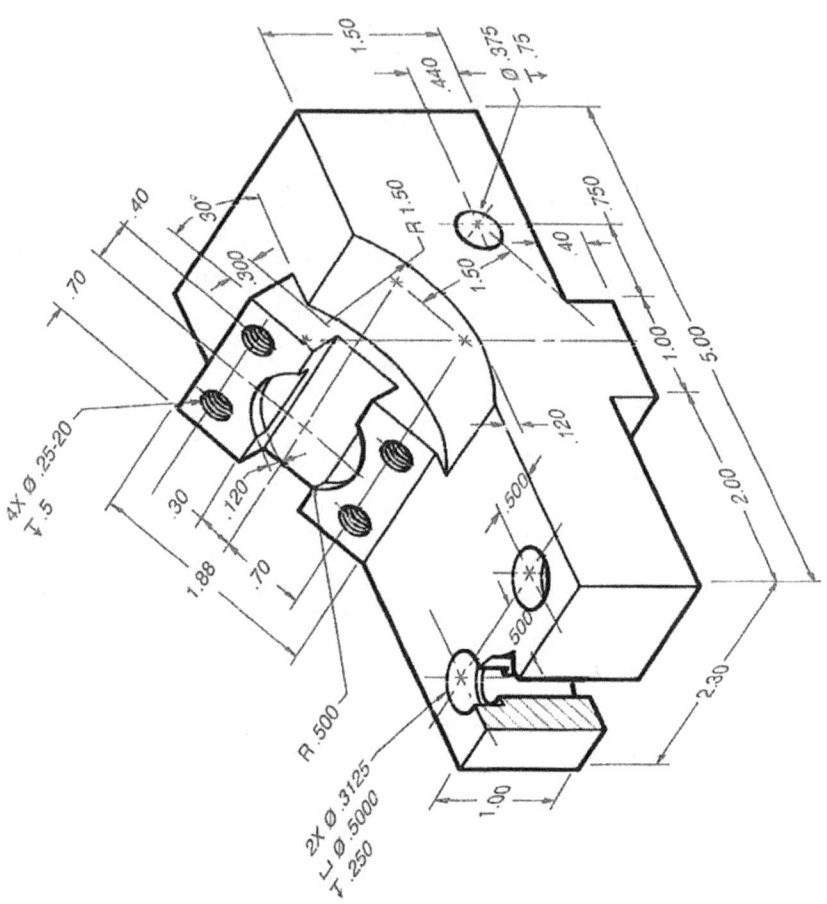

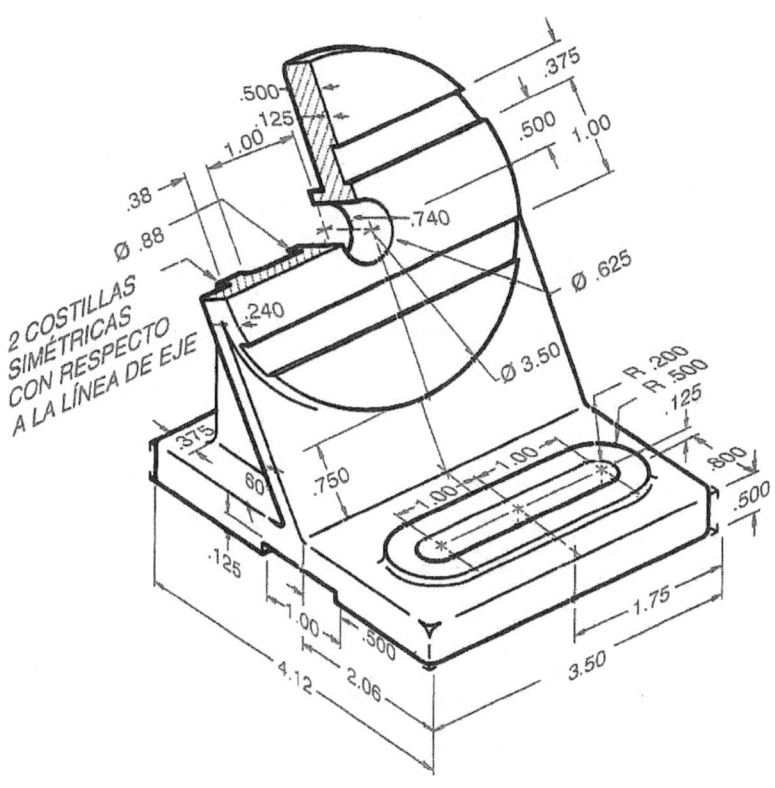

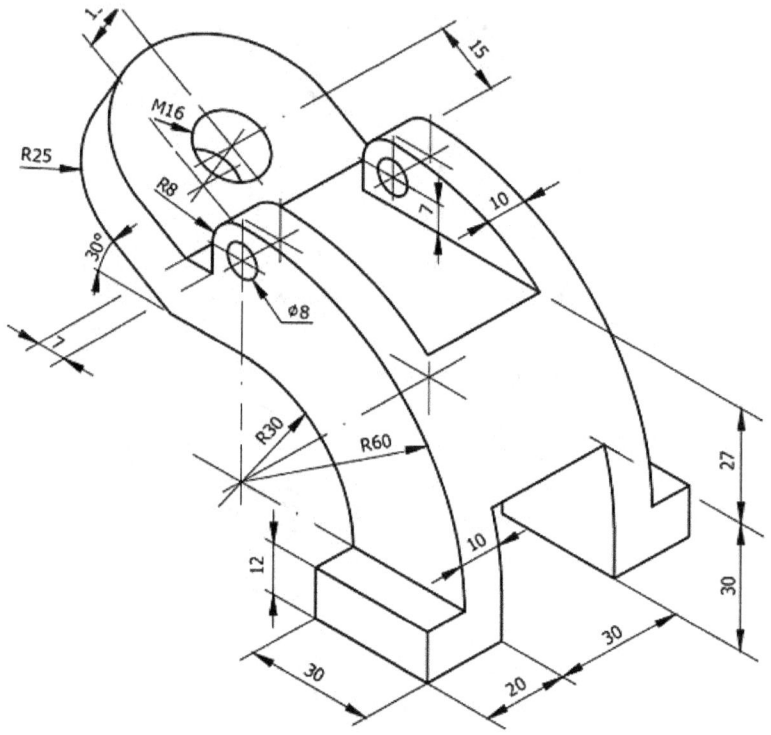

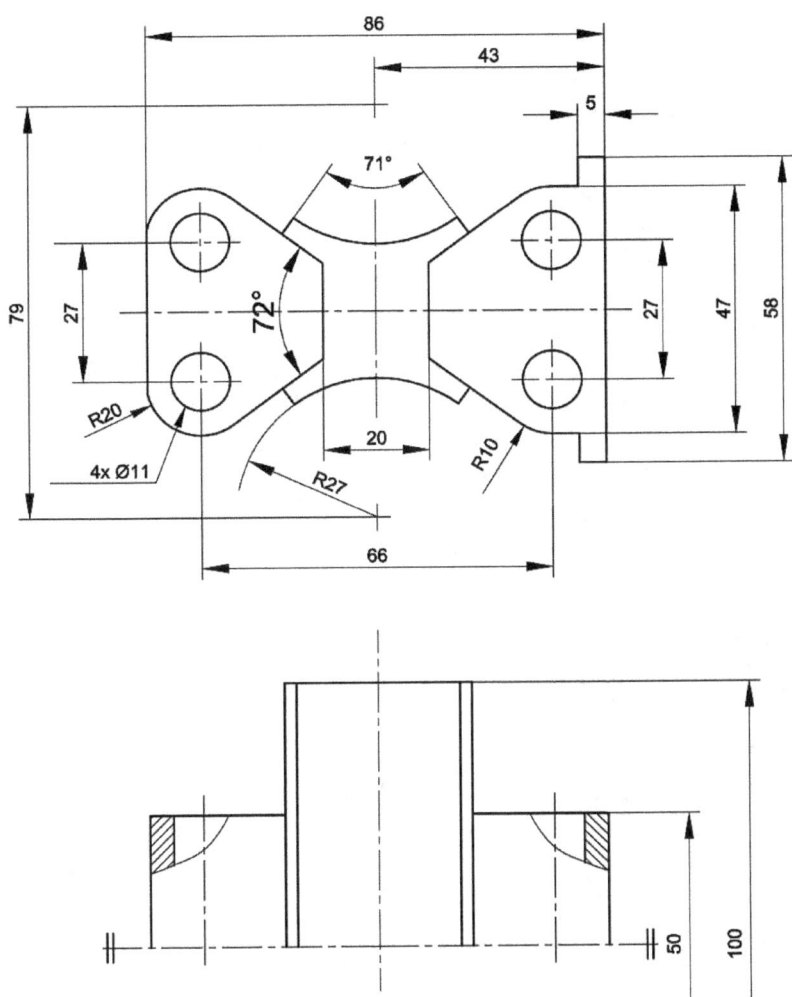

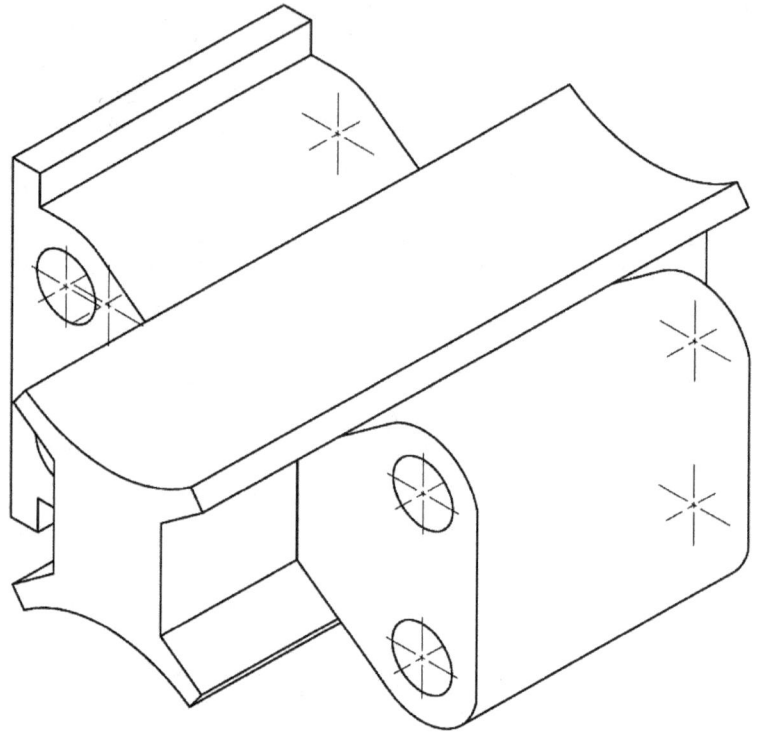

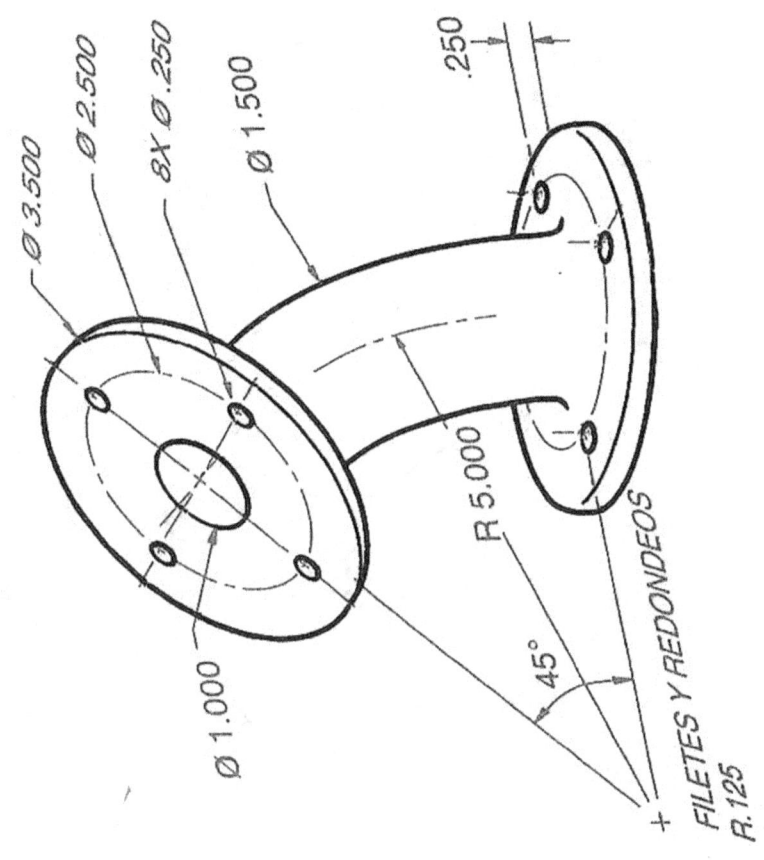

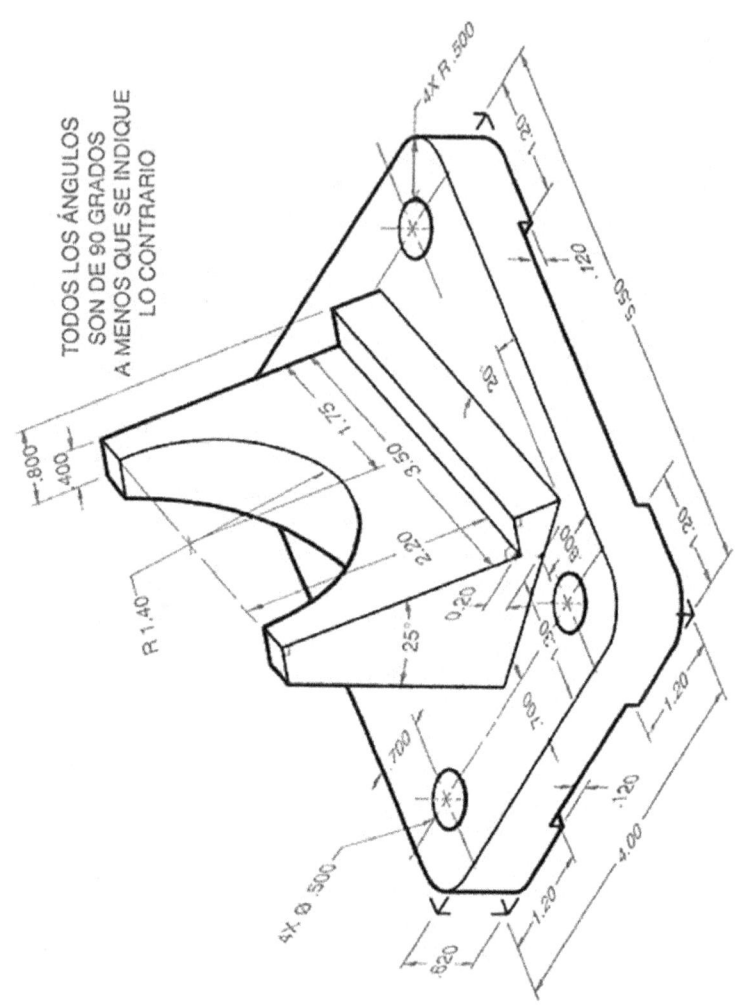

Manual del
DISEÑO INDUSTRIAL
Miguel D'Addario

2016

CE

www.ingramcontent.com/pod-product-compliance
Lightning Source LLC
Chambersburg PA
CBHW072038280526
45788CB00006B/2107